妙子的歐洲度假郵件

作者◎內生藏 妙子

譯者◎李毓昭

太雅生活館

我一直都在旅行。
知道以下各種不同的地方。
我所鍾愛的法國電影中出現的度假盛地。
能吃到美食、學習做菜的地方。
骨董店和二手衣店、二手唱片行，
以及有治病的功效、能讓人變美麗的水泉。
住所是寄宿家庭或青年旅館。
探訪六〇年代的現代美術館或有名建築也是個好主意。

可是，
那一直都是幻想中的旅行。
同時在心中存著總有一天要真的去走一遭的心願。
那是我在桌子上的漫遊。
面對的是一張大地圖或電腦螢幕上的畫面。
即使是在桌子前面也有彷彿身在其中的樂趣。

終於我真的成行了。
當成一生僅只一次的長假。
幻想許久，始終抱著憧憬的地方都要去走一走。
我攢了積蓄，把工作給辭了。
旅行是多麼愉快的事啊。
可以得到與桌上的漫遊截然不同的體會。
與許多人交會，共度時光。
拍個不停的照片和食譜成了我無可替代的寶貝。

結束了長達4個月的旅程之後，
本來打算要恢復原來的生活。
卻事與願違。
發現身體遭受病魔入侵。
幸好已經做完想做的事情了。
何況我這一生剩下的日子或許不會很長。
我不希望朋友、社會把我遺忘。
希望盡我所能留下什麼東西給別人。
這就是我寫作本書的起因。

這趟旅行是我的一切。
我經驗過的事情全部在其中反映出來，
等於是我的人生本身。
這是我單靠自己去體驗的旅行，
得到的經驗雖然是純粹個人的，
可是我希望能夠在某方面對其他人有所幫助。
能夠多一個愛憑空幻想的旅伴也好。
但願本書能成為您確實步上旅程的契機。

●作者簡介

内生藏 妙子

1972年生於日本富山縣。金澤美術工藝大學
商業設計系畢業後，任職於雜貨廠商的設計
事務所，擔任圖像設計師。除了在東京都内
的俱樂部以女DJ的身分活躍之外，也從1998
年起出版於巴黎、東京發行的迷你圈内刊物
Cava和Cava Match!。2003年持法國的打工
度假簽證訪問歐洲。www.taecoise.com。

Contents

 **TRAVEL MAP** 大約花4個月的時間，旅行歐洲9國50個城市。

Les Vacances de Mademoiselle

Lettre 1

造訪度假電影
的舞臺

ST. MARC SUR MER
~Les Vacances de M. Hulot~

「我的伯父」
度過一個夏天的海濱

聖馬休梅(法國)

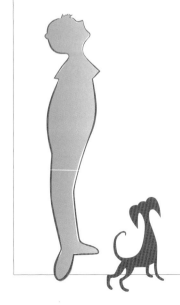

說到法國電影中的度假，會讓人最先浮現腦海的應該是這一部由傑克·塔奇所拍攝的《我伯父的假期》吧？日本人度假總是會想要去哪兒走一走，到哪兒看一看，可是伯父的度假是法國式的。雖然造成天翻地覆的騷動，他卻過著一派溫馨而悠閒的生活。

伯父的度假舞臺是設在法國西部濱海的寧靜小鎮，名叫「聖馬休梅」。電影中的伯父所投宿的旅館面對著大海，仍舊以昔日的風貌迎接顧客。

這是所謂demi pension的經營方式，一天附兩餐。吃過有豐盛海鮮的午餐，走到前面的沙灘悠悠哉哉地做日光浴……就能充分領略法國式度假的情趣。

傑克‧塔奇的彫像，站在海邊的姿態與電影海報一模一樣。伯父總是從這裡凝望著大海。順便一提，這處沙灘以電影中的伯父姓氏為名，就稱為「優洛先生海灘」，這一帶的名稱則是「愛的海岸」。據說夏天時會在海邊播放電影。

..... Se promener
sur la plage de
M.Hulot

※伯父的菸斗曾在很久以前被偷走，直到2004年的坎城影展時才補上去。

↑→畫室就建在大海的近旁，掛著電影海報中的圖畫。裡面可以參觀。

↓ 不引人注意的風景也宛如一幅畫，令人想到那部電影。

　　我是在夏天進入尾聲時，興起去伯父的海邊瞧瞧的念頭。從海邊小鎮南特搭火車，換車後在終點站「聖納澤爾」下車。這裡是法國西部的邊緣。

　　如果你以為只要跟當地人說「我要去伯父的旅館」，就會被帶去那裡，那就大錯特錯了。從聖納澤爾到伯父的旅館似乎還有一大段距離，知道的人並不多。我先打電話問旅館，再調查公車的路線，才在車站前面搭上公車。車子漸漸駛離聖納澤爾市區，在鄉間小路晃蕩了30分鐘。下車的地方是「傑克塔奇廣場」，只有幾間可愛的餐館和蛋糕店，是一個很小很小的度假小鎮。

　　從廣場走一小段路就是海邊了，而旅館就在大海近旁，其實說旅館與海邊合為一體會比較貼切。旅館有迷人、親切的人員熱絡地歡迎我，裡面展示著電影海報、拍攝當時的黑白照片，令人想起風趣的伯父。

　　如果要用一個法文字來形容這個小鎮，那就是agreable，亦即「舒適愉快」。街上的行人都輕鬆自在，浴沐在明亮的陽光下。　➳

伯父的雕像後面是作為電影舞臺的「海濱旅館(Hotel de la plage)」。

海邊的景色與往日無異。上圖是現在的旅館露天咖啡座。下圖是電影上映時這地方的景象。

可遊覽電影場景的健行路線，長達十多公里。

information

伯父的旅館「海濱旅館」
Hotel de la plage
37, rue Cdt Charcot
44600 SAINT MARC SUR MER
TEL +33 (0)2 40 91 99 01
FAX +33 (0)2 40 91 92 00
www.hotel-de-la-plage-44.com

住一晚附兩餐90歐元，附三餐是105歐元。住宿費會依面海或面街、有無陽臺而異。海邊有海鮮餐廳。

傑克‧塔奇的HP
www.tativille.com

✈ 聖馬休梅｜*St. Marc Sur Mer*
從巴黎的蒙帕納斯車站搭TGV約3小時，在聖納澤爾站下車(直達或在南特換車)。再從聖納澤爾站搭40號公車約30分鐘，在聖馬休梅下車。
www.mairie-saintnazaire.fr

SAINT - TROPEZ

Saint Tropez Blues

碧姬芭度鍾愛的全世界最有名的港口城市

聖特羅佩(法國)

♪世界各地的人紛紛來到聖特羅佩。

♪人人興高采烈玩昏頭的聖特羅佩。

聖特羅佩過去有「南法的聖傑曼德佩」之稱,如同瑪莉‧拉弗蕾所唱的(聖特羅佩布魯斯)這首歌,有很多名人相偕前來度假,令我好生嚮往。

在電影《聖特羅佩大混戰》中,畢畢‧古拉就是在這裡興奮地大叫「這是爸爸的船!」碧姬芭度把女用襯褲當成上衣穿,漫步在沙灘上,彈著令人想起瑪莉‧拉弗蕾的吉他。午餐當然是在有名的紅色露天咖啡座「塞內奇耶」享用。

隨著暮色的籠罩,歐洲各地的觀光客紛湧而來,港口四周變得熱鬧非凡,情況和(聖特羅佩布魯士)的歌詞一模一樣。坐在港邊的椅子上,眺望著夕陽下熙來攘往的人群,悠然想起聖特羅佩的傳奇軼事。

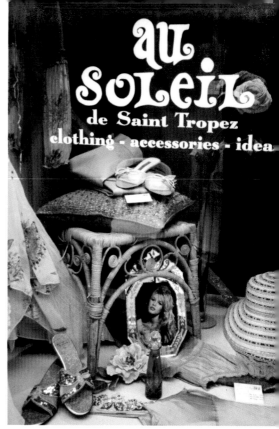

au SOLEIL
de Saint Tropez
clothing - accessories - idea

←聖特羅佩獨特的蛋糕。做法參見106頁。

→卡努比耶灣，據說碧姬芭度特別喜歡。

做法參見106頁。

---

information

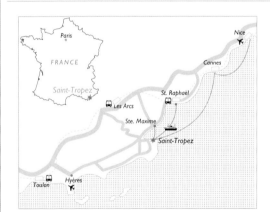

Paris

FRANCE

Nice

Saint-Tropez

Cannes

St. Raphaël

Les Arcs

Ste. Maxime

Saint-Tropez

Toulon Hyères

聖特羅佩 | Saint Tropez

By Ship | 從聖特羅佩的港口出發，一天來回4次。7至8月時增開夜間班次。費時約50分鐘，單程是10歐元，來回19歐元。在聖拉法艾爾車站靠海那邊的服務臺購票。

Les Bateaux de Saint-Raphaël
www.tmr-saintraphael.com
此外，尼斯、坎城每天也都有一個航班來回。從坎城前往要1個半小時，從尼斯要2小時。要預約。

Trance Côte d'Azur
www.trans-cote-azur.com

By Bus | 搭103號公車從土倫車站前往要2個小時，從耶爾的公車總站要1個半小時，一天來回8趟。也有104號公車從聖拉法葉車站開出，需要1個半小時，一天來回8趟。票價方面，從耶爾出發，單程是13.2歐元，從聖拉法葉是8.4歐元。

SODETRAV
www.sodetrav.fr

■聖特羅佩的觀光局
www.saint-tropez.fr

■ *Presqu'île de Saint-Tropez*

完整的聖特羅佩旅遊指南，有詳盡的觀光景點、交通、住宿、餐廳、購物、休閒娛樂等介紹，搭配豐富的照片。

■ *La Légende de Saint-Tropez*

集結五、六〇年代聖特羅佩名人軼事的精華影集，包括在唱片公司老闆巴克萊的別墅中群聚的演員、米克傑格與比安卡的結婚典禮、甘斯寶與柏金家族的假期、法蘭索瓦・莎岡天真無邪的少女時代等等。

■ *Jean-Jacques Sampé / Saint-Tropez*

深具諷味的漫畫家桑貝的繪本，從封面上塞內奇耶咖啡廳的人群可知，是以戲謔的方式描畫熱鬧的聖特羅佩。

■ *Maisons de Saint-Tropez*

充滿聖特羅佩度假風格的室內設計攝影集。

FRENCH RIVIERA

~Bonjour Tristesse~

孕育塞西爾卡特的里維耶拉假期

法國里維耶拉海岸(法國)

里維耶拉海岸是以義大利的港城為中心，往東西兩邊伸展的地中海度假盛地。里維耶拉雖是義大利語，卻變成了英文字，義大利的部分稱為「義大利里維耶拉」，法國的部分則是「法國里維耶拉」。

沙岡的小說《日安，憂鬱》中不時出現法國里維耶拉的地名。女主角塞西爾所住的別墅據說就在聖特羅佩一帶。她不是跑到弗雷瑞斯車站去接父親的情人，就是去坎城賭博，不然就是在路昂雷奔通宵玩樂。當時的莎岡可能也和塞西爾一樣，在這里維耶拉一帶度假吧。

塞西爾想必是在近午時分起床，先喝杯牛奶咖啡，再吃點冰淇淋，然後和爸爸或情人在海邊悠閒地享受夏日時光。我真想跟她一樣，在法國南部過一段優雅的假期！我雖然住不了別墅，倒也在坎城有過2星期寄宿家庭的經驗。在海邊或市區玩到半夜，第二天再睡得晚晚的……真的享受到之前所嚮往的塞西爾式的暑假，這個地方也就成了我記憶的一部分。

要在夜晚上街，就要去朱安雷班。從清晨3點到4點，這裡充斥著喧鬧的年輕男女，與東京的澀谷一無二致。餐廳、酒吧就不用說了，以年輕人為客層的服飾店也營業到深夜，沿海一帶還有銷售可愛飾品、冰淇淋等物品的攤販，綿延1公里之遠。

在朱安雷班，每年夏天也都會舉辦爵士嘉年華會。這是起自於六○年代的活動，長達一星期的期間，有赫赫有名的音樂人士前來競演。我雖然沒有進到會場裡，還是可以在面海的特等席位，一邊看海一邊欣賞演奏。

←↑弗雷瑞斯餘留著羅馬遺蹟，令人興起思古之悠情。

ⓘ information

FRANCE

Paris

French Riviera

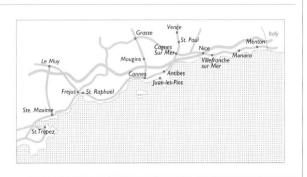

Vence
Grasse
Cagnes
Sur Mer
St. Paul
Le Muy
Mougins
Nice
Menton
Monaco
Villefranche
sur Mer
Italy
Cannes
Antibes
Juan-les-Pins
Frejus
St. Raphaël
Ste. Maxime
St. Tropez

✈ 法國里維耶拉 | French Riviera
在7到8月的觀光旺季，使用一日周遊券會很方便。11歐元。

ILE DE
PORQULEROLLES
~Pierrot le Fou~

《瘋狂的小丑》
一望無際的湛藍大海

✈ 波克洛爾島(法國)

　　法國南部的的耶爾群島是浮在地中海上的「黃金之島」，由波克洛爾島、保克羅島、路灣島所組成。

　　《瘋狂的小丑》這齣電影的舞臺設在離大陸最近的波克洛爾島。陡峭的斷崖、繁茂的森林、沒有鋪柏油的路面，處處餘留著未經人手加工的大自然景觀。

　　整座島都有穿越森林的健行路線，讓觀光客踩著租來的腳踏車，在凹凸不平的小徑上探險。我上下斜坡，不時迷途，最後抵達的是和電影中一模一樣的蔚藍大海。迎面相遇的人都會自然而然地交換微笑。這裡和熱鬧的觀光勝地不同，能讓人接觸樸實的自然景色，確實是座美麗的島，完全吻合其「黃金之島」的盛名。✈

《瘋狂的小丑》令人印象深刻的湛藍大海。

ILE DE PORQUEROLLES

VOUS ÊTES ICI

似乎在電影中
出現過的懸崖

美麗的藍色
大海和沙灘

港口
可愛的餐廳櫛比鱗次

森林中的
自行車
路線

燈塔

PRESQU'ILE DU
LANGOUSTIER

CALANQUE DU
BRÉGANÇONNET

CALANQUE DE L'OUSTAOU DE DIOU

Cap des Mèdes

坐船去島上時，雖然只是幾十分鐘的船程，卻因為離開了熟悉的土地，遠離日常生活，而滿懷期待與緊張，心情格外興奮。沒想到當天對我來說是一場大冒險。

在船上偶然與丹尼與克羅德這對夫妻相鄰而坐。他們是從瑞士來波克洛爾島度假的。我們很快就打成一片，抵達小島後，我先陪他們去旅館，在旅館的陽臺上喝茶，又租了腳踏車環島一周，傍晚時在公園看一些人玩保齡球，然後約好要在船上重逢，這才揮手告別。

這座島或許具有魔力，能讓人壯起膽子。在旅途中與初次見面的人過了一段愉快時光後，心情極佳的我果然來不及搭上去住處的末班公車。孤零零一個人在外國，如果是平常，大概會束手無策吧。我卻能在這時鼓起勇氣嘗試搭便車！在路肩舉起手，才駛過兩輛車，就有貨車停下來，好心的司機把我送到市中心。

彷彿發現了平常無從察知的自我，我就這樣懷著莫名的喜悅步上歸途。

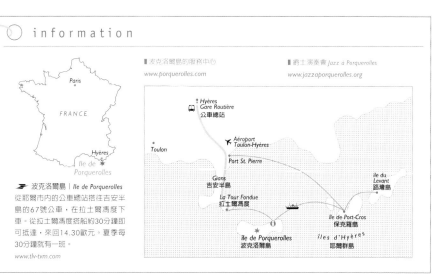

◯ information

■ 波克洛爾島的服務中心
www.porquerolles.com

■ 爵士演奏會 Jazz à Porquerolles
www.jazzaporquerolles.org

Paris
FRANCE
Hyères
Île de
Porquerolles
Toulon

Hyères
Gare Routière
公車總站

Aéroport
Toulon-Hyères

Port St. Pierre

Gians
吉安半島

La Tour Fondue
拉土爾馮度

Île du
Levant
路濱島

Île de Port-Cros
保克羅島

Île de Porquerolles
波克洛爾島

Îles d'Hyères
耶爾群島

波克洛爾島｜Île de Porquerolles
從耶爾市內的公車總站搭往吉安半島的67號公車，在拉土爾馮度下車。從拉土爾馮度搭船約30分鐘即可抵達，來回14.30歐元。夏季每30分鐘就有一班。
www.tlv-tvm.com

ROCHEFORT

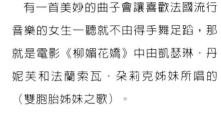

~Les Demoiselles de Rochefort~

整個鎮都是電影的佈景
《柳媚花嬌》

羅西佛(法國)

有一首美妙的曲子會讓喜歡法國流行音樂的女生一聽就不由得手舞足蹈,那就是電影《柳媚花嬌》中由凱瑟琳·丹妮芙和法蘭索瓦·朵莉克姊妹所唱的〈雙胞胎姊妹之歌〉。

在電影裡,兩個女主角遍尋理想情人卻不能如願,傑克·篤米導演最擅長這種錯失姻緣的情節了。實際上在羅西佛的街上走一走,就會切身感覺到其中的弔詭。這麼小的地方,每天都錯肩而過而沒有接觸,實在有點奇怪……可是看這種電影就不能太在意細節。也許姻緣就是要靠自己去努力才碰得著。愉悅的舞蹈和歌曲,還有羅西佛明亮的市容,在在讓人精神一振,心裡想著:「無論如何都要勇往直前!」

..... On va dancer
avec demoiselles

❶ 羅西佛車站前面是法蘭索瓦·朵莉克廣場。

❷ 雙胞胎姊妹來這所幼稚園接弟弟布布。

❸ 雙胞胎姊妹練習唱歌跳舞的公寓是市政廳。兩人從窗戶探出頭來。

❹ 金凱利一見鍾情而翩翩起舞的街道。

❻ 在電影中漆成純白色的房屋。

❽ 電影當成畫廊的建築物其實是葬儀社。

❼ 水兵馬克桑斯待過的兵營。

Rochefort Station

❶ 法蘭索瓦·朵莉克廣場

❷ 弟弟上的幼稚園

Rue Chanzy

❹ 金凱利跳舞的街道

❸ 雙胞胎姊妹的公寓　Place Colbert

❽ 母親的咖啡館

❺ 有黛芬畫作的畫廊

⓫ 達姆的樂器行

❻ 事件現場

❼ 馬克桑斯的兵營

保克馬米路 ❿

Avenue Jacques Demy

❾ 運輸橋

❽ 跳團體舞的廣場。兩旁都有一間咖啡館。

❾ 電影中令人印象深刻的運輸橋，羅西佛的觀光景點。

❿ 通往運輸橋的大馬路是傑克萬米路。

⓫ 被電影當成樂器行的市場。

information

Paris

Rochefort

FRANCE

✈ 羅西佛 | Rochefort

從巴黎蒙帕拿斯車站搭TGV，約需
3到4小時。可在拉洛謝爾換搭普通
車，或是在謝朱爾換搭公車前往。
www.ville-rochefort.fr

■ 運輸橋

Le Pont Transbordeur
10 rue du Docteur Pujos
17300 Rochefort
TEL +33 (0)5 46 82 18 77
FAX +33 (0)5 46 99 76 30
跨越夏蘭特河的吊橋。從
羅西佛市中心步行約30
分鐘。10～12H、14～
17H，夏天則到20H，結束時間因季節而
異。星期一只營業半天。單程1歐元，來
回1.8歐元。對岸有「運輸橋之家」，可
以免費參觀。此外，在觀光服務臺尋問電
影的外景地，就會拿到如上面可愛的宣
傳品。

ISOLA DI CAPRI

Le Mépris

碧姬芭度拍攝《輕蔑》時住過的斷崖別墅

卡布里島(義大利)

卡布里島以「藍色洞窟」聞名，想必有許多人去那裡觀光過。可是來到卡布里島，除非是喜好建築或文學的人，很少人會去到馬拉帕特宅邸。因為那裡現在是基金會的私有地，大門深鎖，而且位於遠離市區的懸崖上，幾乎沒有人造訪。

從卡布里島的市中心前往「天然拱門」的路上，要往下走一段很長的陡峭階梯。我在那裡迷了路，穿越居民的私有地和農田，再走過懸崖上像山徑一般的砂石路，用手攀爬，費盡辛苦才抵達。四周毫無人煙，只能從森林的隙縫中窺見海洋。真有房子建在這種地方嗎？我有點忐忑不安。

從有基金會名牌的地方走下寫著「私有地」的階梯，再拐向細小的路徑，才看到房子的蹤跡。這就是那部電影的高潮中，碧姬芭度爬上屋頂的階梯。沿著粉紅色的階梯上去，就是聳立在山崖上面對著大海的房子。與大海的鮮藍色成對比，隨著山崖巧妙地融進鄉景之中。好一幅美麗的風景。

文柏特一世廣場四周是度假地櫛
比鱗次的服飾店,以及賣檸檬酒
的商店,那是阿馬爾菲的名產。

島上到處都是僅容兩人錯身而過的小路。

How to get to "Villa Malaparte"

到了卡布里島，要如何去馬拉帕特宅邸才不會迷路呢？請看這裡的解說。往逆時鐘方向走是上坡，爬上去會很辛苦。

順著Via Matermania往前走，有一家濱海的匹薩店。從露天觀景臺的右邊往下就是通往馬拉帕德宅邸的階梯。左圖是掛在觀景臺上Grotta Matemania的標示。

從纜車下來的地方是文柏特一世廣場。走向Via Le Botteghe。

來到十字路口Quadrivio della Croce，再走向Via Matemania。中途有如圖般的叉路，在那裡往左邊走。

不下階梯，繼續往前走，就會來到岩石受到侵蝕而形成的天然拱門。

這裡是馬拉帕特宅邸的入口。牌子上寫著FONDATIONE GIORGIO RONCHI，再過去是私有地。

◯ information

By Hydrofoil | 高速快艇
從拿坡里的蒙洛貝雷洛港和梅傑利納港搭高速快艇約45分鐘，單程12歐元。渡輪需要花1小時20分鐘，費用約為高速快艇的一半。從蘇連多搭高速快艇約20分鐘，渡輪是40分鐘。
SNAV公司 www.snav.it
ALILAURO公司 www.alilauro.it
CAREMAR公司 www.caremar.it

島內的交通
可搭纜車到卡布里的觀光景點——文柏特一世廣場。單次票1.30歐元，1小時票是2.10歐元，1日票是6.7歐元。伊士奇亞、阿馬爾菲的巴士資訊請查看以下網站。
www.unicocampania.it

馬拉帕爾泰宅邸
Villa Malaparte
建於1938年，是作家庫茲歐‧馬拉帕爾泰的別墅。設計者亞達爾柏特‧里維拉是法西斯主義的代表性建築師。現為私有地，裡面不能參觀。

卡布里島 | *Isola di Capri*
從拿坡里、蘇連多、阿馬爾菲海岸搭高速快艇或渡輪前往。
www.capri.net/home/jp/

也有從羅馬搭到拿坡里的巴士加卡布里、伊士奇亞船票的套裝行程。單程28歐元。羅馬9:30出發→卡布里13:30抵達。回程抵達羅馬20:30。
www.volaviamare.it

ISOLA D'ISCHIA
~Diciottenni al Sole~

在海灘跳扭扭舞！
《太陽下的18歲》
伊士奇亞島(義大利)

伊士奇亞島位於拿坡里的旁邊。雖是以溫泉聞名的度假島，但是讓我最先聯想到的是電影《太陽下的18歲》中眩目耀眼的青春和熱情如火的主題曲Go-cart Twist。1997年這部電影重新上映時，我曾配合擔任活動的DJ，從那時候開始我就很想去這個小島看看。

這部電影最值得一看的是主角妮可拉被稱為「陽光外型」的光鮮服飾，尤其是那幾頂令人印象深刻的帽子。

雖然那只是電影的情節，卻使我萌生一種癡傻的嚮往：在海邊的度假盛地穿著類似妮可拉的可愛服飾，順便談個像電影一樣炙熱的戀情……可以的話。

實際到了伊士奇亞島，發現這裡雖不像隔壁的卡布里島那麼熱鬧，可是有很多觀光景點，傳統工藝也很興盛，有雅緻的餐廳和雜貨物品，更有溫泉和水療館可以享受。這是個悠閒寧靜的小島，具有女性無法抗拒的魅力。

SUN
LIGHT
LOOK

伊士奇亞龐泰海灘邊是石板路，林立著販售
名產陶器、溫泉芳香療法等優雅的商店。

位於西岸佛利歐的索柯索教堂，屬於希臘建築。

卡撒米喬拉海灘，與寧靜的伊士
奇亞龐泰海灘成對比。

小島東北部的海灘——伊士奇亞龐泰。在海上另一邊聳立的是亞拉格內塞城堡。

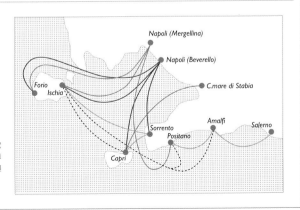

information

ITALIA
Roma
Napoli
Ischia

✈ 伊士奇亞島｜Isola d'Ischia
從拿坡里搭高速快艇約50分鐘，13歐元。島內有方便的公車網。90分鐘車票1.20歐元，1日票4歐元。有關船與公車的資訊，請參照前面的卡布里。
www.ischia.it

Napoli (Mergellina)
Napoli (Beverello)
C.mare di Stabia
Forio
Ischia
Amalfi
Salerno
Sorrento
Positano
Capri

VIAREGGIO

Guendalina

《發芽》中
繽紛多彩的現代沙灘

✈ 維亞雷焦(義大利)

來到義大利頂尖的度假盛地——維亞雷焦。這裡是義大利人最喜歡的沙灘，到處有年輕人在嬉戲。電影《發芽》就是賈桂琳‧莎莎演的17歲女主角在維亞雷焦度過一個夏天的故事。這裡有冰淇淋店、理髮店、摩托車店等等，與維亞雷焦的市街一同反映出當時的度假生活。

《發芽》裡面的寧靜沙灘。

實際上的沙灘和電影中的單色調全然不同，不僅繽紛多彩，而且熱鬧極了。威尼斯附近的里德島沙灘是統一的白色，營造出沈靜的氣氛，可是維亞雷焦的沙灘有紅、黃、橘、藍、綠等顏色的遮陽傘，一直延伸到視線的盡頭。遮陽傘依顏色間隔一定的距離擺設，連通道都鋪得很整齊，與必須忙著佔位子的日本沙灘大異其趣。電影裡面也有整齊排列的涼亭，所以涼亭應該從以前就在那裡了。

我租了更衣室和附遮陽傘的躺椅，躺下來享受短暫的假期。大海雖不是很漂亮，但是看到電影中所沒有的繽紛沙灘，還是讓我心滿意足。 ✈

Guendalina
UN FILM DE ALBERTO LATTUADA
AVEC RAFFAELE MATTIOLI ET SYLVA KOSCINA

↓不知道為什麼，街上到處
都有投幣式的體重計。

Viareggio
Firenze
Genova Pisa
Roma
ITALIA

Viareggio Station
維亞雷焦車站

Pl. Dante
Alighieri

沙灘

MARE TIRRENO

🚄 維亞雷焦 | Viareggio
從佛羅倫斯搭普通火車約1個半小
時。從傑諾巴搭IC要2個小時。從比薩
只要15分鐘

VENEZIA

~ Sait-on Jamais?
Morte a Venezia

威尼斯的《大運河》
里德島上的《威尼斯之死》

威尼斯(義大利)

說到電影中的威尼斯，就會讓人聯想到維斯康提所導演的《威尼斯之死》，以及新浪潮電影中第一部配上爵士樂的《大運河》，耳畔也依稀響起了現代爵士四重奏的輕快主題曲。其次就是1967年由珍柏金與塞爾朱·甘斯柏所合演的Slogan。電影中的珍柏金甩掉遲疑不決的塞爾朱，改和年輕的船伕交往，兩人進而在真實的生活中相戀，是一部輕快、浪漫的電影。

威尼斯是義大利首屈一指的觀光勝地，所以我一邊在腦海裡播放許多幅電影場景，一邊開始2天一夜的短程旅行。

從威尼斯車站走出來，眼前就是縱橫伸展的大運河，儼然是個不同的世界。沒有汽車，也沒有巴士，取而代之的是穿梭自如的小船。細長蜿蜒的巷弄宛如迷宮，兩側擠滿了土產店，幾乎每隔30秒就會碰到一家有點嚇人的面具商店。

里亞德橋、聖馬可廣場充斥著來自全世界的觀光客，戴著帽子、精神抖擻的船伕在各國語言的交織下，充當街頭的導遊。每條街各有特色，確實是座獨一無二的城市。

↑中間的建築物是設為電影舞臺的旅館「巴恩旅館」。

Isola di Lido

里德島的氣氛和威尼斯不同，簡直就像法國南部的度假盛地，給人明亮、現代的感覺。這裡有汽車和公車，也有超市等商店，許多居民以腳踏車代步。作為電影《威尼斯之死》舞臺的旅館就在沙灘的近前。如同電影中所見，純白色的沙灘與白色的躺椅一直綿延到遠處。每個躺椅都有亭子隔開，與人滿為患的熱鬧沙灘不一樣，洋溢著寧靜、優雅的氣息。這麼美麗的小島，一定要住下來體驗看看。➤

◯ information

➤ 威尼斯｜Venezia
搭IC從米蘭、佛羅倫斯約3個小時。
在威尼斯聖塔路奇亞車站下車。
www.veneziasi.it

▌《威尼斯之死》中的旅館
Hôtel des Bains
Lungomare Marconi 17
30126 Venice Lido
TEL +39 041 526 59 21
FAX +39 041 526 01 13
www.starwooditaly.com
搭1/6/14/51/52/62/82/N號的水上巴士從威尼斯開出約20分鐘。在里德島下船後，沿著大馬路Grand Viale S. Maria Elisabetha走約10分鐘，到了沙灘後，右手邊就是旅館。購買水上巴士的24小時票券，就能夠以11歐元的費用遊遍整座島。

Santa Lucia Station
聖塔路奇亞車站

Venezia
威尼斯島

Hôtel des Bains
巴恩旅館

Lido
里德島

DE GENEVE A HEIDELBERG
~La motocyclette~

從日內瓦出發的海德堡
《愛你想你恨你》之旅

日內瓦(瑞士)～海德堡(德國)

我照著曼迪亞格的小說《黑色摩托》中的路線走了一趟。《黑色摩托》於1968年拍成電影《愛你想你恨你》，由瑪莉安娜‧菲伊絲弗與亞蘭德倫合演。瑪莉安娜身穿性感的皮衣，騎哈雷機車的模樣給人深刻的印象，據說全世界的男性都被她的魅力所著迷。

根據原作，日內瓦是瑪莉安娜的父母開書店的城市。瑪莉安娜先在日內瓦的街上練習騎亞蘭德送的哈雷機車，然後直奔海德堡會情人。

我決定依曼迪亞格的原著，巡遊電影中的場景，走路到日內瓦市內，再搭電車到海德堡，並在中途隨興下車逛逛。

Genève

↑從盧梭小島的露天咖啡座眺望隆河。

↑穿過有遊園地的蒙布朗河，就是綠油油的威爾森河岸。

↑佩爾居拉克公園。像極了電影中學騎哈雷機車的場景。

↓寧靜的特瑞爾公園，在世界上最長的板凳上休憩。

Karlsruhe

↓電影裡，女主角在這條路的咖啡館停下哈雷休息。

↑聖靈教堂，中間的尖塔曾在電影的高潮中出現，強化觀眾的印象。

Heidelberg

◯ information

Berlin

GERMANY

France Frankfult

★ Heidelberg

Strasbourg ★Karlsruhe
        Baden-baden
Basel

        Zürich
Genève ★
SWITZERLAND

✈ 日內瓦 | Genève

從蘇黎世搭IC約3個小時，從巴黎
搭TGV則是3個半小時。在柯納凡車
站下車。

www.geneva-tourism.ch

www.tpg.ch

◄ Parc Perle du Luc
佩爾居拉克公園
Parc Mon Repos
曼露波公園

Cornavin Station
卡路納凡車站

LAC LEMAN

île Rousseau
盧梭島

Promenade de laTreille
特瑞爾公園

✈ 海德堡 | Heidelberg

從法蘭克福搭ICE約50分鐘。從海
德堡車站到舊市區是搭1、4號電車
到畢斯麥廣場。購
買巴士的「海德堡
卡」會方便許多。

www.cvb-heidelberg.de

✈ 卡爾斯魯厄 | Karlsruhe

從法蘭克福搭ICE費時1小時15分。
從巴塞爾要1小時40分。從卡爾斯
魯耶車站到市中心可搭電車S1-11
或S4-41，在馬克特廣場下車。走
路約需20分鐘。

www.karlsruhe.de

Lettre 2

探訪現代藝術

VITRA
DESIGN MUSEUM

20世紀的100張椅子
維特拉設計博物館

萊茵河畔威城(德國)

Vitra Design Museum

我去參觀了維拉家具公司。地點在德國邊境，偌大的建地上林立著工廠和倉庫等建築物，附設的博物館正在展示創始人羅夫‧菲爾鮑姆的椅子，從他龐大的椅子收藏中選出整整跨越百年的20世紀的100張椅子。

這些建築和100張椅子收藏是維特拉公司的名勝，觀光客只能加入1天舉辦2次、有導遊帶領的團體參觀。館員充當導遊，態度親切友善，而且對家具瞭若指掌，為大家從一號開始介紹100張椅子。展示的椅子是依年代標上從1到100的號碼。

維特拉公司的工廠曾在20年前慘遭祝融燒毀，後來委託當時世界有名的建築師將所有的建築物改建成現在的模樣。展示椅子的建築稱為Fire Station，模仿船的形狀建造。為了讓訪客有在船內的感覺，樓梯會搖動，柱子也是斜的，設計得很好玩，但是各個元素的組合中帶有張力，不論從哪個角度看起來都很完美，讓人領略到建築的樂趣。

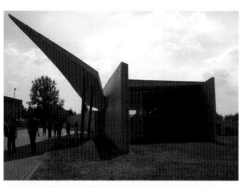

information

■ 維拉設計博物館

Vitra Design Museum
Charles-Eames-Str. 1
D-79576 Weil am Rhein
INFOLINE +49 (0)76 21 702 37 20
TEL +49 (0)76 21 702 32 00
FAX +49 (0)76 21 702 35 90
www.design-museum.de

從巴塞爾車站搭電車8號在Clarapiatz下車。換搭55號公車,在Vitra站下車後就會看到。穿越國境時有時得出示護照。11~18H,星期一休息。參觀椅子收藏的時間只限正午和PM2:00開始的團體導覽,由導遊帶領(英語)。門票6歐元,導遊費3.5歐元,也可以在HP購買家具或博物館的商品。

■ 維拉設計博物館(柏林)

Vitra Design Museum Berlin
Kopenhagener Strasse 58
D-10437 Berlin/Prenzlauer Berg
TEL +49 (0)30 473 777 0
FAX+49 (0)30 473 777 20

GERMANY
Berlin
France
Weil Am Rhein
Basel
Switzerland

✈ 萊茵河畔威城 | *Weil Am Rhein*
與法國、瑞士接壤的德國邊境城市。從巴塞爾搭電車或巴士約需30分鐘。

GOETHEANUM

~ Rudolf Steiner ~

史代納的心靈學校
「哥泰安努姆」

多納赫(德國)

　　從瑞士的巴塞爾市搭電車南下約30分鐘，就會來到建在德納哈山丘上，由心靈學家史代納所設計的建築物「哥泰安努姆」。據說在20世紀初期，史代納就在這裡教授靈學、演出神秘劇。廣大的建地以哥泰安努姆為中心，旁邊點綴著餐廳和房舍，形成可以說是「史代納村」的區域。

　　哥泰安努姆是棟奇妙的建築，彷彿靈魂直接的呈現。從窗戶、樓梯以至家具，每樣東西都呈歪斜的形狀，好像各有靈魂附著，如同生物。大廳裡面裝著大片彩色玻璃，看起來更充滿神秘感。如同其「西赤紅窗」、「北玫瑰紅窗」、「南藍窗」等名稱，深色的玻璃上有手工彫刻的花紋，據說各自帶有精神學上的意義。

　　設施內也有素食餐廳，菜單裡面有沙拉、新鮮果汁等齊全的健康食品。

↑ 裝著彩色玻璃的大廳舞臺上，有一群人隨著鋼琴的伴奏在排演神祕劇。

◯ i n f o r m a t i o n

多納赫 | Dornach
從巴塞爾的中央車站搭火車或10號電車，在多納赫下車。約需20分鐘。

▌哥泰安努姆 Goetheanum
Rüttiweg 45, Postfach,
CH-4143 Dornach 1
TEL +41 (0)61 706 42 42
FAX +41 (0)61 706 44 01
www.goetheanum.ch
從多納赫車站走路10分鐘，或搭從多納赫車站出發的66號巴士，在哥泰安努姆下車。8：30～18H。全年無休。入場免費。工作坊、戲劇表演等活動也是。

▌史拜哲屋 Speisehaus

Dorneckstrasse 2
4143 Dornach
TEL +41 (0)61 701 33 72
FAX +41 (0)61 701 37 73
素食餐廳，位於哥泰安努姆的入口。以有機蔬菜為食材，午餐採自助餐式。

ARCHITECTURE &
MODERN ART IN BASEL

Herzog & De Meuron, Mario Botta,
Le Corbusier, Diener & Diener, etc.

藝術之城巴塞爾的現代建築與美術館巡禮

(巴塞爾/瑞士)

巴塞爾的美術館號稱質量兼備。市立美術館收藏瑞士出身的傑克梅第、克利，以及畢卡索、梵谷、高更、塞尚、馬蒂斯·蒙特里安等從近代到現代的名畫，而現代美術館中也有齊全的世界規模的新浪潮收藏。市內有超過30所美術館，從漫畫美術館到紙的美術館，以及食器、家具、服裝、年輕作家的裝置藝術都有，展示的內容似乎無所不包。聽說有很多藝術家被此地鼎盛的現代美術所吸引，而特地搬過來定居。

這裡也有值得一看建築物。赫佐格&德梅隆、馬利歐·博塔、迪納&迪納等人所建的集合住宅或辦公大樓分佈在小小的市區內。若要前往位於法國境內，由路·柯爾布傑所建的「廊香教堂」，從巴塞爾約需2個小時。也可以搭電車到巴塞爾郊外，欣賞蘭在·比亞諾的「拜爾勒基金會」、法蘭克·葛利的「維特拉設計博物館」，這些都是建築巡禮時不可錯過的標的。其中有很多是住宅公寓大樓或公司行號，雖然不能進入是個遺憾，不過「拜爾勒基金會」的建築物本身就是美術館，可以同時欣賞到建築和現代美術的收藏品。

FONDATION
BEYELER

↑丁格利美術館內有許多機械裝置的有趣物件。庭院有曾是合夥人的尼奇·德·聖法爾的藝術品。

↑餐具老店福克利舒塔雷的陳列很有看頭。也銷售經過設計的雜貨。

↓一拜爾勒基金會的環境很舒服,令人昏昏欲睡。

↓烏爾斯·格蘭梅斯貝恰所建的公寓大樓。

↓菲烏拉＆法斯納哈特所建的公寓大樓。

↑市立美術館的入口，名畫的寶庫。

↑位於萊茵河畔，由迪納＆迪納設計的公寓。

↑赫佐格＆德梅隆設計的大樓。

↑可用免費的導覽查閱正在舉辦的展覽會。

information

Germany
• Ronchamp
France Basel
Bern • SWITZERLAND

✈ 巴塞爾｜Basel

從蘇黎士、柏林前往約1個小時。位在瑞士、德國、法國三國的邊境，是跨國火車行駛的總店。法語的發音是Bâle(巴爾)，要注意。市內有電車和公車，構成細密的交通網，最好先在旅館取得路線圖。同樣的內容也可以從下面的網站看到。
http://www.tnw.ch/html/zonenplan_zoom.html

▌巴塞爾建築指南

Architectual Guide Basel 1980-2000

介紹巴塞爾市內多達一百多棟現代建築，附有地圖。依顏色分為德、英、法三個語文版。可在博物館的商店中買到。

▌巴塞爾市立美術館

Kunstmuseum Basel
St.Alban-Graben 16, CH-4010 Basel
TEL +41 (0)61 206 62 62
FAX +41 (0)61 206 62 52
www.kunstmuseumbasel.ch
在巴塞爾中央車站搭2號電車，在第三站Kunstmuseum下車。10～17H，星期一休館。入場費10SFr，星期日免費。

▌巴塞爾美術館(現代美術館)

Kunsthalle Basel
Steinberg 7 4051 Basel
TEL +41 (0)61 206 99 00
FAX +41 (0)61 206 99 19
www.kunsthallebasel.ch
電車3/6/8/11/14/16。位於市內，附設餐廳。11～17H，星期三是11～20:30H。星期一休館。

▌拜爾勒基金會

Fondation Beyeler
Baselstrasse 101 CH-4125 Riehen
TEL +41 (0)61 645 97 00
FAX +41 (0)61 645 97 19
www.beyeler.com
從巴塞爾搭2號電車，於終點站Fondation Beyeler下車。網站上有博物館商品的線上購物系統。10～18H，星期三10～20H，全年無休。入場費16SFr。

▌丁格利美術館

Museum Jean Tinguely
Paul-Sacher-Anlage 1 CH-4002 Basel
TEL +41 (0)61 681 93 20
FAX +41 (0)61 681 93 21
www.tinguely.ch
在巴塞爾市內搭31或36號公車，在Tinguely Museum下車。位於萊茵河畔。11～19H，星期一、二休館。入場費7 SFr。

▌廊香教堂

Chapelle Notre Dame du Haut
Colline de Bourlémont
70250 Ronchamp FRANCE
TEL +33 (0)3 84 20 65 13
FAX +33 (0)3 84 20 67 51
從巴塞爾中央車站搭火車約2個小時。在Ronchamp下車，再搭公車或計程車約1個小時路程。4/1～9/30是9:30～18:30，10/1～3/3是10～16H。星期二休館。

▌巴塞爾優待卡

www.baseltourismus.ch
在巴塞爾市內或郊外，持這張卡就能以折扣價參觀美術館。1天份是25 SFr，2天份33 SFr，3天份45 SFr。1天份加公車費用是29.5 SFr。

▌巴塞爾美術館導覽

www.baselmuseums.ch

DESIGN STROLL
IN UTRECHT
~Dick Bruna~

米飛兔的故鄉
烏特勒支的設計漫步

(烏特勒支/荷蘭)

↑中央美術館的導覽手冊，裝在書箱裡，裡面有小冊子和貼紙。

米飛兔的作者迪克‧布魯納就住在烏特勒支市內。這位圖像設計師的作品可在市裡的中央美術館看到。可是我去的時候，作品都送到日本開展覽會了，只看到兒童遊戲間似的米飛兔房間和供大眾閱覽的書，與他數量龐大的作品失之交臂，真是遺憾。後來我去服務臺詢問有沒有布魯納的其他作品可以看，回答是有一尊他身為彫金師的兒子所刻的米飛兔彫像。可是那東西小小的，還是讓我覺得意猶未盡。

說到烏特勒支的市區給人的感覺，差不多是威尼斯扣掉觀光客，加上腳踏車和文化的氣息吧。以東京來比喻，或許可以算是「中目黑」一帶。美麗的運河、四處可見的綠意、穩重的磚牆建築，還有興盛的美術設計、音樂等藝術，是一個文化薈萃的城市。以運河為中心往四面擴展的購物區中，賣骨董、書籍、雜貨、唱片等嗜好商品的店舖林立，時髦的咖啡館也不少，充滿美感，很能刺激五官。我心想，如果能像布魯納一樣，住在這個城市裡，騎著腳踏車往返畫室，持續從事創作，不知道有多快樂……

❷ 美術館的日晷

市民做日光浴
的公園

❶ 't Hoogt 播放靈魂樂曲的咖啡館

Strand NL
室內用品店

這一帶的街景
特別美

Hoekhuisje
現代建築

Polman's Huis
高級咖啡館

City of Glass
玻璃花器

Domtoren
主教塔

RonTonTon
中古家具、壁紙 ⑤

Bij de Don
室內用品店

Havana
新潮的
咖啡館

Secondsas
橋下，二手衣

Dish
義大利餐廳

Bebop
家具

⑤ 古董

❶ 't Hoogt
咖啡館

書店

Beadies
飾品

Kaldi
廚房雜貨

Winkel van Sinkel
很漂亮的咖啡館

Mobach
雜貨

美術館 ❷

World Music Records
Mid Town Records ❼

有許多餐廳
的廣場

廚房雜貨

Broese
書店

中古CD
舊郵票

Neck & Lisa
雜貨

Toque Toque
咖啡館

HEMA
購物商場

Springhaver
咖啡館 & 戲院

Da Capo
貨色齊全
的唱片行

整段路都是
唱片行

中央郵局

Time2 Surf
網咖

Rythem Import
唱片

Rozenbogen
高級旅館

Nijntje Pleintje
米飛兔的彫像 ❸

橋下的餐廳賣
11歐元的
義大利麵午餐

麥當勞

書店

Utrecht Station

Free Record Shop

Hoog Catharijne
車站大廈

DVD Valley

Debijenkorf
百貨公司

Bluenote
爵士CD

Design Stroll

❸ 布魯納的兒子刻的米飛兔
彫像。

❹ Beadies串珠飾
品和包包
www.beadies.com

48

散步景點
運河邊的步道

咖啡館
Universiteitsmuseum
美術館
C *Centraal Museum*
中央美術館

⑤ RonTonTon 二手家具。
兼賣唱片和雜貨。
www.rontonton.com

⑥ 迪克‧布魯納所設計的郵票店。

銀行●

舊貨店
舊明信片
De Plaatboef
唱片

●雪茄
Soy 郵局●
餐廳

't Ledig Erf
露天咖啡座

好像凱瑟琳‧丹妮芙穿
過的靴子。

⑧ 中央美術館的兒童房與院子裡的太空船置物。

⑦ Neck & Lisa多彩的雜貨
商店。

information

NETHERLANDS

★ Amsterdam

Utrecht

Germany

Belgium

➤ 烏特勒支 | *Utrecht*
從阿姆斯特丹搭火車約30分鐘。
www.utrecht.nl

▌中央美術館
Centraal Museum
Nicolaaskerkhof 10 Utrecht
TEL +31 (0)30 236 23 62
www.centraalmuseum.nl
在烏特勒支車站前搭2號公車,於Central
Museum下車。走路約20～30分。11～
17H。星期一休館。門票8歐元。也有賣
輕食的漂亮餐廳和藝術書繁多的設計商
店。

▌迪克‧布魯納的HP
www.miffy.com

▌烏特勒支商店指南HP
www.utrecht-museumkwartier.nl
www.k-do.nl

49

DESIGN DOCK
ROTTERDAM

設計家具的大倉庫
in鹿特丹

(鹿特丹/荷蘭)

　　鹿特丹市中心的西郊有一家名為「鹿特丹設計碼頭」的家具店。在廣達2500平方公尺的大建築中，展示著古老家具，猶如商店兼展示間。建築物的四周什麼都沒有，只有加油站。

　　雖然是遠離人煙的所在，進去時卻好生嚇了一跳！原來這裡是室聚集內用品店的購物商場，而且是以五○至六○年代的現代家具為主。每家店的家具都陳列得很優美，但或許是空間不足，把日本的咖啡店或服飾店當寶具般慎重擺設的東西隨便放置。另外也有年輕藝術家創作的雜貨，令人感覺到荷蘭頂尖的時尚。

　　鹿特丹是荷蘭的第二大城，與首都阿姆斯特丹截然不同，很像東京的澀谷，有濃厚的都會氣息，同時也很像台場，街上林立著充滿未來感的建築。也可以在觀光服務臺請人導覽這些建築物，所以在參觀完家具後，來一趟建築之旅也不錯。

◯ information

■鹿特丹設計碼頭
Design Dock Rotterdam
Van Helmontstraat 17 - 23
3029 AA Rotterdam
TEL +31 (0)10 477 02 00
FAX +31 (0)10 476 80 80
www.designdockrotterdam.com
從鹿特丹搭西向的電車，在MARCONIPLEIN
下車，走路3分鐘。星期三四五/11～18H，
星期六及第一個星期天/11～17H。

NETHERLANDS
* Amsterdam
Rotterdam
Germany
Belgium

🚄 鹿特丹 | Rotterdam
從阿姆斯特丹搭火車約1個小時。
www.ratterdam.nl

Marconiplein
Ⓜ
Design Dock
Rotterdam
鹿特丹設計碼頭

DANSK
DESIGN CENTER
~Verner Panton~

巴納・潘頓
不可思議的房間「VISIONA」

(哥本哈根/丹麥)

　　巴納・潘頓被譽為1960年代設計的象徵。我居然走進他的作品「VISIONA」裡了。潘頓是丹麥出身，曾在亞內・雅克森旗下擔任家具設計師，卻因為奇形怪狀的風格不為丹麥大眾所接受，於是遷居到藝術興盛的巴塞爾，才獲得肯定。

　　VISIONA是個巨大的長方體，呈強烈的彩虹色，長寬高是6×8×3公尺。兩邊挖空，可以從圓形的入口進去。內部有約身體寬的細長沙發排列組合，可在拼拼湊湊的凹凸處坐下，有時坐下來還可以伸長雙腳。沙發、牆壁和天花板合為一體，多麼奇特的點子啊。此外還有透過薄布透入的微妙光線，形成奇妙的色調。

　　裡面所設的商店、咖啡廳也是潘頓的風格。坐在潘頓椅上，翻閱放在潘頓雜誌架上的設計雜誌，買一塊潘頓花紋的紡織品，都是我在潘頓展覽會場享受到的樂趣。在裡面可以自由地把玩他的作品，這樣的展覽真的很棒。

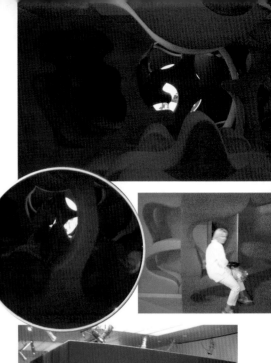

information

■ 丹麥設計中心

Dansk Design Center
HC Andersens Boulevard 27
1553 Kobenhavn V, Denmark
TEL +45 33 69 33 69
TEL +45 33 69 33 00
www.ddc.dk
平日10～17H，星期六日10～16H，星期
三是10～21H。門票40DKr。位於與哥本哈
根中央車站相隔契波利公園的馬路對面。

DENMARK
Copenhagen

✈ 哥本哈根 | *København*
從哥本哈根國際機場搭往艾斯特
伯、赫爾辛格方向的電車約13分
鐘。從德國的漢堡搭火車約3個半
小時。
www.visitcopenhagen.dk

■ 巴納‧潘頓的*HP*
www.vernerpanton.com

Copenhagen   *Tivoli*
Station   契波利公園
哥本哈根
中央車站
                 Dansk Design Center
                 丹麥設計中心

BELLAVISTA, LOUISIANA MUSEUM

Arne Jacobsen, Roy Lichtenstein, Piet Mondrian, etc.

雅克森的度假地和
路易斯安那美術館的小旅行

（丹麥）

從哥本哈根沿著海岸線北上的海濱有「北歐的里雅耶拉」之稱，是美麗的度假盛地。我去了一趟路易斯安那美術館和建築家亞內‧雅克森所設計的度假地。

路易斯安那美術館在全世界的美術館中以美麗聞名。這座美術館最大的特色是其面對沙灘的廣大庭院。建築物和庭院渾然結為一體，有每一層樓都可以走進庭子的結構。四周有廣大的草坪和森林圍繞，又有一些雕刻品陳列其間，許多家庭來這裡的目的不是欣賞美術，而是躺在草坪上輕鬆度過一天。

入口不太顯眼，裡面卻大得宛如迷宮。蘭佐、比亞諾與阿諾‧紐曼的兩個展覽、巨大的館內商店、露天咖啡座，以及隔成幾處的展示間，讓人幾乎要迷路了。

美術館的餐廳擺著雅克森的椅子。順便一提，這把椅子在丹麥的售價比日本還貴，實在讓人買不下手。可是同樣的椅子在那個地方大量擺放著，呈現難得一見的完美空間，讓人深覺不虛此行。

Louisiana

入口小小的，讓人無法想像裡面的規模。蘭佐，比亞諾展中有我在巴塞爾看過的拜爾勒基金會的模型，以及銀座開張的愛瑪士照片。阿諾，紐曼展中有以嶄新的構圖拍攝的瑪莉蓮夢露、畢卡索等代表20世紀的人物肖像。

館內附設的商店裡頭，除了書、海報之外，也販售廚房用品、設計師雜貨等等物品。

Bellavista

在「克蘭本波」車站下車，站前是一整片白色的建築。其他的房子是橘色的屋頂，只有這一帶特別有光彩。在海灘問當地人：「那是雅克森的建築嗎？」回答是：「那間餐廳、電影院、住宅區、加油站，還有這片海灘，全部都是。」

午餐就在位於住宅區一角，名稱是「雅克森餐廳」的地方解決。除了建築物本身，裡面的一切也都是雅克森的作品，包括家具和餐盤，是個無懈可擊的空間。而且雅克森是個完美主義者，對於這個度假地，從海邊的監視塔到賣冰淇淋等商店的設計都一手包辦。

北歐的海呈泛灰的淡藍色，天空色也顯得比地中海那邊淡薄。雅克森所設計的白色和藍色海濱與大自然非常協調。看看1930年代完工時的照片，就可以想見當時是多麼的摩登。

©ARNE JACOBSEN

©ARNE JACOBSEN

©ARNE JACOBSEN

Restaurant Jacobsen

↑桌上的東西也都是雅克森的作品。

◯ information

　位於丹麥與瑞典之間的松德海峽的海岸線上。有火車從瑞典的馬爾默開往丹麥的赫爾辛歐亞，每20分鐘一班。

▌貝拉維斯塔
Bellavista
從哥本哈根搭火車到赫爾辛歐亞要18分鐘，在克蘭本波下車。從車站出來就是沙灘。

▌雅克森餐廳
Restaurant JACOBSEN
Strandvejen 449, 2930 Klampenborg
TEL +45 39 63 43 22
www.restaurantjacobsen.dk

▌亞爾內・雅克森的HP
www.arne-jacobsen.com

▌路易斯安那美術館
Luisiana Museum for Moderne Kunst
Gl. Strandvej 13 DK-3050 Humlebæk
TEL +45 49 19 07 19
FAX +45 49 16 07 18
www.louisiana.dk
從哥本哈根搭往赫爾歐亞的火車要花41分鐘，在芬貝克站下車。從車站依標示前進，約走10分鐘即可抵達。有來回車票與美術館門票的套票販售，但是使用這種票就不能中途下車。10～17H，星期三10～22H。全年無休，門票72DKr。

SWEDISH GROOVE IN MALMO

年輕藝術家活力四射的馬爾默市街

▶ (馬爾默/瑞典)

馬爾默是在全球捲起瑞典風的「羊毛衫合唱團」的出身地，被譽為瑞典流行樂的聖地。有名的錄音室也在這個城市內，可以參觀。

我逛了幾處市內的美術館，印象最深刻的是名為「形態設計中心」的建築物，裡面夾雜古舊與現代的家具，營造出舒適的空間。當時也展示著斯堪的那維亞半島的年輕設計師作品，另外還有塑膠設計家具的展覽、可以自在地閱讀設計雜誌的咖啡廳、設計品商店等，讓人可以輕鬆愉快地接觸最新的設計。

這種形狀美麗的家具在德國和荷蘭也很多，可是再怎麼說，還是北歐的紡織品最出色。由於北歐有漫長的冬夜，大家都在屋子裡招待客人，而為了盡量讓空間給人舒適的感覺，就設計出許多柔和、溫馨曲線的布匹。想到在日本不經意買下的物品是在這樣的背景下產生的，就更加珍惜了。 ▶

Idag tar vi det lilla lugna.

↑馬爾默觀光局的廣告卡。

↑→形態設計中心。年輕設計師的特展和咖啡廳。

←市立圖書館的建築和書架系統都很精美,相當有規模。

↓馬爾默美術館的現代美術裝置。

information

SWEDEN

Norway
Stockholm

Denmark
Copenhagen
Malmö

✈ 馬爾默 | Malmö
從哥本哈根國際機場搭火車12分鐘。從斯德哥爾摩搭超特快車要5個小時。持附有美術館等優惠的公車票「馬爾默卡」觀光,相當方便。
www.malmo.se/turist

▌形式設計中心
Form Design Centre
Hedmanska Gården, Lilla Totg
TEL +46 (0)40 664 51 50
www.formdesigncenter.com
星期二～五11～17H,星期六日11～16H,星期四11～18H。入館免費。

▌馬爾默市立圖書館
Malmö Stadbibliotek
Kung Oscars väg 11
TEL +46 (0)40 660 86 26
malmo.stadsbibliotek.org

▌馬爾默美術館
Malmö Konstmuseum
Malmöhusvägen
TEL +46 (0)40 34 34 37
www.malmo.se/museer
12～16H,6月～8月是10H～。門票40SEK。

Malmö Station
馬爾默車站

Stor
torget

*Malmö
Konstmuseum*
馬爾默美術館

Form Design Centre
形態設計中心

Gustav
Adolfs
torg

*Malmö
Stadbibliotek*
馬爾默圖書館

*Malmö
Konsthall*
馬爾默畫廊

FONDATION VASARELY

~Victor Vasarely~

巨大的宇宙空間
瓦沙雷利基金會美術館

(普羅旺斯省艾克斯/法國)

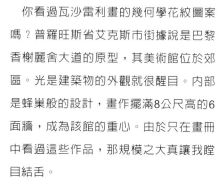

你看過瓦沙雷利畫的幾何學花紋圖案嗎？普羅旺斯省艾克斯市街據說是巴黎香榭麗舍大道的原型，其美術館位於郊區。光是建築物的外觀就很醒目。內部是蜂巢般的設計，畫作擺滿8公尺高的6面牆，成為該館的重心。由於只在畫冊中看過這些作品，那規模之大真讓我瞠目結舌。

在館內，坐在圍繞著巨幅畫作的沙發上，就可以仔細欣賞他所創作的異樣空間。往後退一步看的時候，會覺得那些花紋好像要蹦跳出來似的，而從側面去看，又有不同的感覺。湊近去觀察畫工之美也是樂趣之一。本以為作品都是絹印的，可是也有像拼圖似的用木頭組裝、用磁磚製作，或是有4帖半褊褙米4片大的壁毯，想到過程之繁瑣，必須要分別製作漸層微妙的色調，就要向他低頭致敬。

建築物的外面是公園，從稍高的山丘遠眺的景色也是美不勝收。原來整塊建地都是瓦沙雷利的作品，令人深切感到美術作品撼人的力量。

配合瓦沙雷利的作品，穿上幾何學花紋的上衣拍了張紀念照。

information

Paris

FRANCE

Aix-En-
Provence

Marseille

✈ 普羅旺斯省艾克斯｜Aix-En Provence
從馬賽搭火車30〜40分鐘。

■ 瓦沙雷利基金會
FONDATION VASARELY
1, Avenue Marcel Pagnol
Jas-de-Bouffan
13090 Aix en Provence
TEL +33 (0)4 42 20 01 09
FAX +33 (0)04 42 59 14 65
www.fondationvasarely.com
在普羅旺斯省艾克斯的觀光局前面搭4號
公車約10分鐘。在V.VASARELY下車。10
〜13H，14〜18H。例假日休館。門票7
歐元。

米拉柏路

★ Fondation
Vasarely
瓦沙雷利基金會

Aix-En
Provence
Station
普羅旺斯省
艾克斯車站

MUSEE D'ART MODERNE ET D'ART CONTEMPORAIN NICE

~Yves Klein, Ben Vautier,
Niki de Saint Phalle, etc~

豐富的現代藝術收藏
尼斯近代現代美術館

（尼斯/法國）

從尼斯市中心，也就是馬塞納廣場，沿著花草連綿不絕的美麗步道往前走，就會看到巨大的美術館建築。這棟建築是伊芙·巴亞爾與安利·維達爾設計的，由四條玻璃通道連接，設計相當新穎。左下角是門票，題材是美術館獨具藝術感的窗戶。

尼斯的現代美術館除了伊芙·克萊、妮基·聖法爾、班·波提耶等當地的前衛藝術家作品，也有以洛伊·李奇登斯坦、安迪·渥荷為首的六○年代波普藝術，非常豐富。

入口擺放的是尼基·德山法爾的作品，沐浴在尼斯明亮的陽光下，為這座性格的美術館增色不少。

裡面最讓我感動的是羅勃·印第亞納的「LOVE」原作。我東京的房間就有一幅絹印複製品，真品是畫上去的，而且大了差不多一倍。

館內商店有販售絲巾、馬克杯、T恤、牙刷等等設計獨特的物品，要買紀念品送人，可在裡面買到別處找不到的特產。

↑班‧波提耶的「LA CAMBRA」。尼斯的方言是「房間」的意思。作者的用意應該是要讓人進去欣賞,可是很遺憾,裡面鎖著,不能進去。

←在屋頂眺望風景也是一大樂趣。四周都是熱帶植物,足以讓人體會這棟現代建築的趣味。

⟲ i n f o r m a t i o n

尼斯 | Nice

從巴黎的里昂車站搭TGV,在尼斯維爾站下車。約需5個小時。搭飛機的話,則從尼斯的蔻特塔儒爾國際機場搭巴士前往。

▌尼斯近代現代美術館
Musee d'Art Moderne et d'Art Contemporain (MAMAC)
Promenade des Arts 06300 Nice
TEL +33 (0)4 93 62 61 62
FAX +33 (0)4 93 13 09 01
www.mamac-nice.org
從尼斯車站走路15分鐘,或是搭尼斯市內公車3/5/6/16/17/25號,在Promenadedes Arts下車,1/2號在Garibaldi下車。7/9/10號是在Musée d'Art Moderne下車。10～18H,星期三是10～16H,每個星期一、1月1日、復活節、5月1日、12月25日休館。門票4歐元,每個月第一和第三個星期日可免費進入。可以使用尼斯的博物館通行卡。特展不能拍照,但是在常設的展示廳,只要不用閃光燈就沒問題。

▌班‧波提耶的HP
www.ben-vautier.com

Nice-Ville Station
尼斯維爾車站

Musée d'Art Moderne et d'Art Contemporain
尼斯近代現代美術館

BAIE DES ANGES

MUSEE PEYNET
ET DU DESSIN HUMORISTIQUE
~Raymond Peynet~

愛與和平的
雷蒙‧貝內美術館
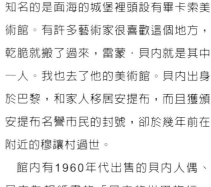
(安提布/法國)

來到了安提布。這是個藝術城市,最知名的是面海的城堡裡頭設有畢卡索美術館。有許多藝術家很喜歡這個地方,乾脆就搬了過來,雷蒙‧貝內就是其中一人。我也去了他的美術館。貝內出身於巴黎,和家人移居安提布,而且獲頒安提布名譽市民的封號,卻於幾年前在附近的穆讓村過世。

館內有1960年代出售的貝內人偶、貝內為報紙畫的「貝內的世界旅行」原稿,構成一個可愛的貝內世界。貝內的作品多半是個穿西裝的男孩,並且有個豐滿的女孩陪在一邊。對當時受納粹統治的法國人來說,他的作品是愛與和平的象徵,能藉以體會到片刻的溫馨。

館內有一半是羅傑‧莫弗雷的插畫特展。美術館裡面,我最喜歡的作品是「貝內的世界旅行拿坡里篇」。櫛比鱗次的高樓之間掛滿了晾曬的衣物,把我見過的拿坡里街景以幽默的方式描畫出來,蘊含濃厚的趣味。

↑美術館入口。正面的廣場總是擺著幾張咖啡座，成為市民休憩的場所。

擴展到海濱的安提布舊市區，石坂小路兩旁有陶器、食品等特產店林立。

←美術館商品。左：結婚典禮用的可書寫紀念相簿。右：貝內產品的收藏特輯，從人偶到日本唱片都有。

◯ information

✈ 安提布｜Antibes
搭快車從坎城要20分鐘。從尼斯30分鐘。從車站到舊市街走路約20分鐘。

www.antibes-juanlespins.com

▌電蒙‧貝內美術館
Musée Peynet etdu Dessin humoristique
Place Nationale - 06600 Antibes
TEL +33 (0)4 92 90 54 30
www.antibes-juanlespins.com
位於安提布舊市區的主街雷卜布利搭路上的Place Nationale廣場。6/1～9/30是10～18H，10/1～5/3是10～12H、14～18H。星期一休館。門票3歐元。坎城旁邊的勒卡內鎮上有一間舊屋，貝納曾在整面墻上畫出愉快的結婚場面，稱為「戀人之牆」。情侶也可以在法國中部的華倫泰村舉辦有貝內物品陪襯的結婚典禮。

www.mairie-le-cannet.fr
www.village-saint-valentin.com

MOUGINS, BORMES LES MIMOSAS

法國南部充滿藝術氣氛的村莊
「穆讓」和「包姆」

(法國)

MOUGINS

BORMES
LES MIMOSAS

穆讓位於坎城的旁邊，循著螺旋狀的山路往上走，就會來到一個小小的村莊，籠罩著靜謐的氣氛。有為數不少的藝術家和名人來過這裡度假，包括畢卡索、柯爾托、曼雷、艾迪·皮亞夫、凱瑟琳·丹妮芙等，這裡甚至有資生堂的高級水療館，是個很能吸引名流駐留的地方。村裡所到之處都有藝術家的畫室。有家畫室的主人是個美麗的女畫家，在創作油畫的同時也要看店。

還有一家有名的高級餐廳「穆讓磨坊」。城坎舉辦電影節時，都會有不少明星前來光顧。雖然餐廳也有為觀光客開設的烹飪教室，可是我去的時候正好停課沒開，真是遺憾。

畫室之間也夾雜著許多陳設精美的商店，譬如陳列著美國藝術家製作的蠟燭、杯子等原創作品的雜貨店，以及來自「穆讓磨坊」的手工果醬和葡萄酒等食品的商店。而像室內用品店、雜貨店也是在在令人驚艷，不僅漂亮，也很有個性。坎城的特產店都很雜亂，不如來穆讓買，包裝也會比較突出。

Mougins

↓店裡銷售藝術家創作的餐具、
蠟燭、擺飾等物品。

這個小姐賣的是法國南部風格的手工布料。

「穆讓磨坊」的食品店,要買禮物送人,來這裡準沒錯。

Bormes les mimosas這條路是在從耶爾到聖特羅佩之間的公車路線上。我認識的女生都異口同聲地說：「這個地方好可愛！」讓我不禁想要去親眼瞧一瞧。

在PIN這個地方下車，詢問當地人，得到的回應是：「從這裡再往上走2公里就是了。再往上，再往上！」

在仙人掌綿延不絕的上坡路上走著走著，果然就到了！有個小小的廣場擺著露天咖啡座，四周有許多可愛的特產店。再拐進坡道中間的小路，看到更多可愛的雜貨店和飾品店。街上的氣氛安靜沈著，看來大家都很喜歡這裡。藝術家的畫室似乎也不少。

蜿蜒的街道似乎比穆讓還要複雜，好像迷宮。有時穿過無數個小階梯和隧道，會赫然發現隱密的可愛小店。爬坡雖然辛苦，但可以享受到探險的樂趣。

mimosas

◯ information

* Grasse
Mougins ✱   Nice * Monaco
Frejus   Cannes   * Antibes
Bormes
Les Mimosas ✱
Hyères   St.Tropez

✈ 穆讓 | Mougins
從坎城搭往葛拉斯的公車，約30
分鐘。
www.mougins-coteazur.org

✈ ボーム・レ・ミモザ | Bormes Les Mimosas
從耶爾搭往聖特羅佩的公車，約
20分鐘。在PIN下車。從那裡繼續
走上坡就是。
www.bormeslesmimosas.com

█ 穆讓磨坊
Le Moulin de Mougins
Avenue Notre-Dame-de-Vie
06250 Mougins
TEL +33 (0)4 93 75 78 24
FAX +33 (0)4 93 90 18 55
www.moulin-mougins.com

位於穆讓，名廚羅傑·威爾介的一流餐廳。烹
飪教室由廚師主持，示範2個小時，可以試吃。
英、法語。一堂54歐元，5堂券245歐元。上圖
是他的著作Les Tables de Mon Moulin。與其
說是食譜，不如說是收錄餐廳的美麗景物和菜色
的寫真集。另有蔬菜篇和水果篇。

MUSEE DES POUPEES, MUSEE DES TIMBRES ET MONNAIES

摩納哥國立人偶博物館、硬幣與郵票博物館

(摩納哥)

摩納哥的國立人偶博物館有玫瑰園圍繞，優雅的加尼葉式建築裡面收藏著許多來自歐洲的核桃人偶、骨董娃娃。當時正在舉辦芭比收藏品的特展，將現實世界的時裝表演會以迷你的尺寸呈現，伸展臺上有閃亮的照明，四周也有排著小椅子的觀眾席，舞臺裡面更有裝著鏡子的後臺，做得相當精緻。宣傳單上面的芭比娃娃也擺出不含糊的姿勢，就像真實雜誌的模特兒。

另外還有個位於巨大商場裡的郵票博物館。摩納哥的郵票是有名的漂亮，這個博物館展示著至今發行過的郵票，以及最近的郵票原稿。

郵票雖小，手繪的圖卻有4倍大，擺在郵票旁邊，再添加價格等文字說明。除了實際上發行過的郵票，也看得到不予採用的圖案，觀眾可以看到從許多色樣中挑選的過程。連門票也是郵票的形式(如左上圖)，令人感到摩納哥對郵票的重視。

©MATEL

↑ 展示的骨董人偶，衣服和小配件等細節也都很精細。

↑ 郵票與硬幣的美術館外觀。

↑ 從國立人偶博物館走出來就是有「里維耶拉女王」之稱的摩納哥海邊。

---

information

摩納哥車站
地上出口

摩納哥車站
地上出口

Musée National
Automates et
Poupées d'Autrefois
國立人偶博物館

Musée des Timbres
et des Monnaies
郵票與硬幣博物館

✈ 摩納哥｜Monaco

✈ 從尼斯的蔻特塔儒爾國際機場搭機場巴士50分鐘。單程是13.8歐元。

🚄 搭國際線火車從法國、西班牙、義大利、德國出發，在摩納哥的蒙第卡羅站下車。從尼斯要花25分鐘。

▌國立人偶博物館
Musée National : Automates et Poupées d'Autrefois
17, avenue Princesse Grâce
TEL +377 93 3 -91 26
FAX +377 92 16 73 21
www.monte-carlo.mc/musee-national/
10月到復活節是10～12:15H、14:30～18:30H，復活節到9月是10～18:30H。門票6歐元。F1賽車期間休館。

▌郵票與硬幣博物館
Musée des Timbres et des Monnaies
Les Terrasses de Fontvieille
TEL +377 93 15 41 50
FAX +377 93 15 41 45
10～17H，7、8月是10～18H，全年無休。門票3歐元。參觀限1個小時。

* Les étalages | 歐洲的商品陳列

Lettre 3

探訪歐洲的
水和溫泉

FONTAINE DE LOURDES

~L'eau miraculeuse~

治療難治之症的
奇蹟水「盧爾德之泉」

✈ (盧爾德/法國)

「盧爾德之泉」位於法國與西班牙的國境附近、庇里牛斯山麓之中，被稱為「奇蹟之泉」。有來自全世界的人相信奇蹟，來到這裡禱告治病，這裡因此成了天主教的大聖地。

150年前，當地有個少女突然看到聖母瑪莉亞顯靈，叫她去洞窟。少女去到那裡，泉水就紛湧而出。據說有一些罹患不治之病的人因這道泉水而復原。由於這樣的奇蹟，目前有機構在從事科學研究，分析泉水的成分。

洞窟上方建有大教堂，四周林立著禮拜堂、醫院，再加上廣闊的綠景和河川，組成一個巨大的聖地。不論傳聞是真是假，相信奇蹟而建造這麼氣派的聖地，每年吸引500萬人前來探訪都是不爭的事實。我不是信徒，但是看到了林林總總的事情，也產生不少感觸。

特產店櫛比鱗次，為了方便肢障人士光臨，都設有無障礙設施。整個城市的努力是值得嘉許的。 ✈

↑─這裡就是洞窟。神父正在祈禱。洞窟上方建成了大教堂。

在人群中擠來擠去，好不容易來到泉水前面，卻有人跟我說：「不行不行，只有生病的人才可以進去。」沒想到被趕了出來。這才發現，泉水之前有一排坐輪椅的老年人，由穿紅衣服的志工在後面推著。也有一般旅客在裡面幫忙，因此我也去盡一臂之力，把患者從教堂推到醫院。那時壓根沒有想到自己日後也會生大病，後來覺得，早知道就毫不客氣地加入接受禱告的行列，有點後悔。

奇蹟之水可以在與洞窟不同的汲水場自由接取。可是那裡就像學校洗腳的自來水池，和平常一樣扭開水龍頭，水就嘩啦啦地流出，不太能讓人覺得那就是奇蹟之泉。

從車站到泉水之間的特產店裡面，有各式各樣用來裝泉水的容器。有的做成聖母的形狀，有的做成項鍊，可以把小小的瓶子掛在胸前，方便攜帶。從香水瓶一般美麗的瓶子到大塑膠瓶都有，種類繁多。也可以用寶特瓶裝回去。至於泉水的用法，據說生病的人飲用或敷傷口，症狀就會改善，真是不可思議。 ➤

◯ information

Paris
＊

FRANCE

Bordeaux
＊
Lourdes

Lourdes
Station
盧爾德車站

階梯 Bd. de la Grotte

＊Fontaines 泉　Sanctuaire 聖域

Av. Chaudée Marensin

Rue de la Grotte

CAVE DE PAU

➤ 盧爾德｜Lourdes
從巴黎的蒙帕納斯車站搭TGV要5個
小時。從波爾多搭TGV要2個半小
時。全天開放。但是服務臺是8:30
～18:30H，11月～3月是9～18H。
www.lourdes-france.com

BADEN BADEN

在巴登巴登體驗
宮廷式的泡澡

🛬 (巴登巴登/德國)

　　巴登是德語「溫泉」的意思。這個地方是名符其實的溫泉鎮，也是歐洲屈指可數的高級療養地。從18世紀開始，王族們都會來這裡療養身心，是歷史悠久的度假盛地。

　　鎮上較大的療養設施有「卡拉卡拉浴池」和「富里德利希浴池」，其他都是附設特殊溫泉的旅館。據說典型的度假方式是白天泡游泳池或在溫泉裡面放輕鬆，晚上再梳妝打扮，去賭場或餐廳享樂。

　　「卡拉卡拉浴池」是穿泳衣泡按摩池或溫水游泳池的休閒設施，在日本也能得到類似的體驗，所以我去的是另一家「富里德利希浴池」。這是125年前建造的宮殿式豪華浴場，完工時據說是當時的歐洲最摩登的溫泉設施。採行的方式很特別，顧客不著泳衣，全身赤裸地浸泡16間浴室，而且浴池不分性別。我在游泳池誠惶誠恐地游著，就碰上一個德國歐吉桑毫不客氣地裸身跳下水。這裡不像美容館那麼花錢，可以輕鬆嘗試，是很有趣的體驗。 🛬

以下是「富里德利希浴池」附香皂按摩的泡澡行程。

1：用香皂擦洗身體，再沖水(5分)

2：54度的三溫暖(15分)

3：68度的三溫暖(5分)

4：沖水(1分)

5：香皂和刷子按摩(8分)

6：沖水(1分)

7：45度的蒸氣浴(10分)

8：48度的蒸氣浴(5分)

9：36度的深水泡澡(10分)

10：34度的噴射浴(15分)

11：28度的游泳池(5分)

12：沖水(8分)

13：18度的冷水浴(1分)

10～11是在男女同池的主要泳池裡自由活動(加上其他項目在3小時以內完成)

14：用溫毛巾裹身(4分)

15：塗身體乳液(8分)

16：睡覺(30分)

每一項都要到不同的房間進行，光線從巨大的圓頂天花板透過彩色玻璃射進來，牆壁又有手繪磁磚和圖畫，加上大理石地板、香料清爽的氣味，還有男女入浴的石膏像裝飾，讓人覺得彷彿置身於城堡中的浴室。有個女服務生為我按摩、遞毛巾，細心地引導我。長達3個半小時的行程結束時，覺得身體變得很輕盈，手腳也都滑溜溜、閃亮亮的。 ➤

↑可惜不能拍攝溫泉裡面的情況，這裡只有令人覺得歷史悠久的建築物外觀和優雅的休息室。

←↓飲泉所的氣氛莊嚴。溫泉水是溫的，有鹹味。有銷售專用的水壺。

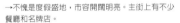
↑「富里德利希浴池」與「卡拉卡拉浴池」為鄰。

→不愧是度假盛地，市容開闊明亮。主街上有不少
餐廳和名牌店。

---

information

「富里德利希浴池」
Friedrichsbad
Römerplatz 1, 76530 Baden-Baden
TEL +49 (0)72 21 27 59 20
FAX +49 (0)72 21 27 59 80
www.carasana.de
9～22H，例假日是12～20H。入場限關
門的2小時之前。星期三、六、日和星期
二、五的16H是不分男女的時段。只泡澡
3小時21歐元，附香皂按摩的3小時半是
29歐元。

飲泉所
Trinkhalle
10H～18:30。全年無休。

巴登巴登｜Barden-Baden
從法蘭克福搭ICE需1個半小時。
去溫泉街是從巴登巴登車站前面搭
201公車，約15分鐘，於里歐波特
廣場下車。
www.baden-baden.de

Berlin
GERMANY
Frankfult
Baden Baden

Caracalla Therme
卡拉卡拉浴室
Sophienstrasse
Friedrichsbad
富里德利希浴室
Leopolds Pl.
里歐波特廣場
車站
Trinkhalle
飲泉所

去汲取「艾維雅」礦泉水

🛩 (艾維雅萊班/法國)

我去探訪了以礦泉水聞名的艾維雅市。這是個瀕臨雷蒙湖的安靜度假地。

雖然是有名的礦泉水源區，街上卻不太有努力拼觀光業的感覺，可以讓人放輕鬆，安靜地度假。市街有一條長達1公里的商店街，其中有許多氣氛舒適愉快的餐廳。賭場、浴池和休閒設施都很充實，足以讓人享受悠閒的度假生活。商店街的正中央有艾維雅公司的展示廳，陳列著歷代的包裝瓶和標籤、商品等。這是棟有歷史感的美麗建築，雖然不大，但是魅力十足。

飲泉所旁邊有免費的登山纜車。車廂是在約100年前製造的，別具風味。山中靜謐的風景也有獨特的風情。

山頂上的自然裡面散佈著建地廣大的別墅。外形和我到目前為止在海邊看到的大不相同，房子又大又雅緻。從這裡看過去的湖光山色美極了。湖邊也有沙灘和游泳池，遊客可以享受清淨的空氣和水，度過寧靜安穩的假期。🛩

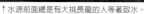

↑水源前面總是有大排長龍的人等著取水。

information

FRANCE

Paris

Evian

艾維雅展示廳
Rue Nationale
水泉
Evian Station
艾維雅車站
纜車

🚋 艾維雅 | Evian

從日內瓦市內的歐威夫車站出發，
中途在亞努馬斯換車，於艾維亞
萊班下車。需要1個小時。從巴黎
搭TGV約要4個小時。旺季時有直
達車。也有從對岸的羅占納開出的
船。

www.eviantourism.com

■ 艾維雅展示廳

Hall d'exposition des Eaux Minérales d'Evian
www.evian.fr
19 Rue Nationale
開館從5月5日～9月28日。入館免費。12～15H關閉。

MONTECATINI TERME

義大利的飲泉所
蒙地卡提尼浴池

✈ (蒙地卡提尼/義大利)

　　我來到義大利特別有名的蒙地卡提尼浴池。這裡也是費里尼的電影《八又二分之一》的舞臺。

　　蒙地卡提尼的街區中央有個大公園，椰子樹在道路兩旁高聳，美得彷彿法國南部的度假地。我先是去「艾克塞西歐」這家店說要泡溫泉，結果這裡只做按摩，泡溫泉要到別的地方。可是很遺憾，星期天每一家都休息。我只好放棄泡溫泉，改去參觀歷史最悠久的「泰都喬」的設施。

　　這裡是汲取飲泉的地方，泉水依功效區分，例如對肺部有效的水、對腸有益的水等等，必須依症狀飲用。用寶特瓶取水時，有人告訴我：「小心別喝太多。」因為這種水含有多量的天然礦物質，非常鹹。

　　逛到這裡，我才發現要依治療的部位選擇光顧的設施。像溫泉泥等美容館只能做到臉部，要做全身的美容或泡溫泉，就必須持有醫生的處方箋。觀光客在蒙地卡提尼是不能隨便泡溫泉的。 ✈

↑置身在廣大的綠景之中，令人心曠神怡。

↑→泰都喬也舉辦音樂會。館內有書店、花店、香皂等特產店。

←↓飲泉所有幾種功效各異的泉水。

REGINA

information

Montecatini Terme
Firenze
Roma
ITALIA

✈ 蒙地卡提尼浴池 | Montecatini Terme
從佛羅倫斯搭往維亞雷焦的電車約要50分鐘。有Mon-summano和Centro兩個車站，後者離溫泉街比較近。

www.termemontecatini.it

■泰都喬
Terme Tettuccio
Viale Verdi
TEL +39 0572 778 501
8〜12H。門票10.50歐元，11點過後是5歐元。

■艾克塞西歐
Terme Excelsior
Viale Verdi
TEL +39 0572 778 511
備有溫泉療法、泥療法、按摩等各種療程。要預約。亦可在讀上的服務臺預約。若只是做臉，或許馬上就可以進去體驗。

★ Terme Tettuccio
泰都喬

★ Terme Excelsior
艾克塞西歐

Montecatini
Centro Station
蒙地卡提尼
中央車站

Montecatini
Monsummano Station
蒙地卡提尼
孟斯曼諾車站

Lettre 4
度假生活

我在耶爾的寄宿家庭。庭院裡繁花
盛開！我們有時會在海邊吃晚餐。

法國南部耶爾的生活

　　第一次在外國寄宿，心中滿懷著緊張和不安。選擇寄宿的地方是日本妻子與法國先生的日法夫妻住宅。在網路上搜尋時，就看到法國南部有幾處供宿的日法夫妻住宅。由於是初次前往，我選擇的條件是主人能通日語，地點最好接近我所嚮往的聖特羅佩。我在出國前，就先以電子郵件與女主人溝通，對方都仔細地回答我的問題，而且可以從她的文字感覺到溫暖與知性，因此預料此行將會有很好的體驗。

　　這對夫妻的家裡還住著祖父母和親戚的小孩，是個三代同堂的大家庭。廣大的庭院中除了蕃茄、夏南瓜、小紅蘿蔔和一大片朝鮮薊田之外，還有橄欖、柳橙、杏子等果實，以及薄荷、鼠尾草等香草植物，以及盛開的繁花，而且有貓、狗、雞群在其中穿梭。

　　女主人非常擅長做家事。她用家裡採收的水果製作果醬、葡萄酒，也將收割的蕃茄、曬乾的薰衣草拿出去賣。她才在法國住了5年，就已經能自然地融入這裡的生活，令人佩服。男主人屬於知性派，有許多諸如園藝、攝影之類的愛好，而且非常喜歡日本，拼命和我說日語。據說法國盛行自己做木工，這個家庭也不例外，從地板、牆壁到浴室、廁所、廚房，全都是兩個人親手做出來的。以普羅旺斯風味的藍色與黃色為基調，營造出清爽而現代的房間。客房有10帖褟褟米大，是個附褟褟米閣樓的舒適空間，還掛著女主人做的窗簾。

我出國前住在東京的正中央，本來也計畫回國後還是要住在市區，可是自從體驗了這裡的生活，想法就有了很大的改變。就像「慢活」的觀念，我真切感覺到這才是真正豐裕、踏實的生活。

女主人得到婆婆的真傳，很會做法國南部的家常菜。以鯷魚醬和橄欖醬等法國南部的醬料，利用從庭院採收的夏季蔬菜，做出鹹派、湯或裝飾美麗的普羅旺斯式沙拉，每一種滋味都令人難以忘懷。天氣好的時候，他們也會出去野餐，開車到遙遠的吉安半島吃晚餐。夏天也不時在海邊或家裡的陽臺吃飯。這種洋溢著度假氣氛的生活方式，真是充滿魅力

耶爾位於馬賽和尼斯之間，在海和山的包圍下，顯得特別優雅。治安也相當好，行人迎面相對時，都會互相問安，這個小鎮的氣氛也就給人溫馨親切的感覺。5月的耶爾有時會刮起地中海的強風，可是經常是晴空萬里，太陽要到晚上9點才下山。

起初我有點心情緊張，但是隨著搭火車與公車、與居民聊天、出去購物、在公園閒逛……有了種種的日常體驗之後，就逐漸放輕鬆，仗著漫長的白晝，每天出去觀光。

主人還介紹我認識住在耶爾的日本人朋友，陪我觀光、一起吃晚餐，還會在例假日開車帶我去玩，讓我度過一段快樂的時光。他們不僅提供生活上的照顧，也能接納我這個外人，帶我認識朋友，實在不是一般人做得到的。而藉由與他們的談話，我也了解到鎮上的歷史、近來的社會事件等等。雖然只是短暫的居留，但是對法國人的生活已經有了或多或少的體會。

街上的嘉年華會。耶爾是非常可愛的地方，有賭場和植物園。

義大利烹飪學校的上課日

西恩納是留有中世紀風貌的城市。帕雷歐路上會舉辦賽馬節慶。

第一次去義大利，而且完全不通義大利語，但因為一心一意想要學做最愛的義大利菜，就這樣來到托斯坎納省西恩納的但丁‧阿利格耶里學校。

這是專收外國人的學校，學生幾乎都是日本人。對義大利女人來說，烹飪是要跟母親學的，像日本人這樣去學校學做菜簡直是匪夷所思，除非是為了當廚師。可是對我來說，這樣的環境最為理想。在國外，日本人的「謙讓」美德是行不通的，一切都得靠自己積極表現。當然，上課時如果太客氣，就會嚐到被晾在一旁的滋味。

雖然是用義大利語上課，但是在其他日本人的協助下，我得以免去環境和語言方面的壓力，再加上西恩納在義大利是治安特別好的城市，每天都過得非常愜意。早上去學校，午餐就吃做好的菜，下午和朋友上街散步、聊天，晚上拿著字典把食譜翻成日文。感覺好像回到了學生時代，整天都可以做自己喜歡的事，自由自在的生活，充滿新鮮的喜悅。

課堂上教的是托斯坎納省的傳統家常菜，有烤麵包、手工麵條、湯、匹薩等主菜，還有兔、鴨、野豬、珍珠雞、牛肚等種類繁多的肉類料理。老師還應學生的要求傳授麵包、冰淇淋的做法。每次到了試吃的時間，就會有老師或學生的朋友來探訪，大家就在家庭似的氣氛中熱鬧享用美食。

我們還在課外教學時去了生產葡萄酒的奇揚地，參觀工廠，並且遠到蒙塔奇諾採購廚房用品，老師更招待我們去住他的別墅，得到課堂之外的種種體驗。

本來計畫在寄宿家庭待1個月，可是學校安排的地方太遠，我就藉口每天光是試吃肚子就飽了，享用不到主人準備的晚餐，只在這個家庭住了1個星期，就搬進公寓生活。就算只待1個月，如果覺得不合適，還是要當機立斷，改變環境。

我住的地方是市中心的公寓，與兩個義大利女生同住。只有廚房和浴室共用，各有單獨的房間。兩名室友都出身於義大利南部，親切隨和，很會照顧人，因此每天都有同學來造訪。兩人都很有教養，也擅長烹飪和清掃，在洗衣服方面又特別講究！我抵達第一天說要用洗衣機時，她們說：「給我看妳要洗的衣服。這個和這個有顏色，下次和我們的一起洗就好。其他的先洗，妳先放著。啊，這個羊毛衣要手洗喔。」我下了課，回到房間，就看到床上放著洗好也熨好的襯衫。吃晚餐時，她們也要我一起吃，我也就和同學們一同享用了她們倆的親手菜。

她們就像這樣請我吃飯，幫我洗衣服，我像在寄宿家庭一樣受到照顧，全面領受她們的好意，同時也萌生請她們吃一頓日本菜的念頭。但是在實行的過程中，逐漸有雙方的朋友加入，最後變成了兼做義大利菜和日本菜。就在離開西恩納的前一天，我們的公寓辦了個盛大的派對。我做的壽司捲雖然不是很理想，但是我拿出從日本帶來的筷子當禮物，也教她們折紙和漢字補償缺憾。

在學校和公寓都喜遇貴人，多虧了她們，我第一趟義大利旅行成了一段美好的回憶。

義大利的學生，不僅外表成熟，內在也夠穩重。我與他們相比簡直就是「身分錯置」。

拿坡里市區令人興味盎然！其實不僅是披薩，這裡的新娘禮服也很出名。

治安欠佳的拿坡里

我表示要去拿坡里時，連義大利人都異口同聲說：「千萬要小心，拿坡里是個危險的地方。」到底有多危險，讓我不免緊張起來。在拿坡里寄宿的家庭有個女孩在唸拿坡里東洋大學的日本文學系，她開著男朋友的車子到拿坡里車站接我，可愛的模樣像個鬼靈精，無疑可以在國外的校園連續劇中當主角。「拿坡里雖然危險，可是妳並不是單獨一人。在拿坡里的家裡，從今天開始妳就是我的姊姊。」她以這麼溫馨的開場白歡迎我。

她還是學生，而且正逢考試期間，還要抽空照顧我委實不容易。我住的房間是她平常使用的，在我居住的這段日子，她都得睡在父母的房間。有課要上時，她就請同是日本文學系的朋友當我的導遊，帶我去逛拿坡里市區、她們的學校和學生宿舍，而且連要花錢的卡布里島、伊斯奇亞島都說要陪我去，讓我很過意不去，也就漸漸一個人出門了。

我獨來獨往的行為造成了誤會，住滿一星期的那一天，她對我說：「妳都不跟我說話，妳討厭我吧。」她似乎很苦惱。我自覺說話的量和平常一樣，她卻說我都不說話。與饒舌的義大利人相較之下，我確實顯得很安靜，可是萬萬也沒想到她會這麼想。

她還告誡我，在拿坡里，單獨出門是很危險的事。儘管拿坡里人都很活潑外向，卻不會輕易相信家族之外的人，有什麼活動都是全家人一起出動。另一方面，雙方都是日本人時，不需要多話也能「察知」他人的意思，在拿坡里則需要清楚地說出來，讓對方接受才行。這是

鐵律。我決定以後比平常多說話,全心接納拿坡里的生活方式。

在拿坡里居住的期間,我學會做義大利南部的菜。她媽媽的手藝具有職業水準。手工麵條不消說,還很會用壓力鍋,煮的不是肉湯,而是高湯,並且每天烤蛋糕,在晚餐和早餐時端出來。我覺得這個媽媽做的菜是全義大利最好吃的。不僅滋味美妙,看起來也賞心悅目。不像在日本要用漂亮的砧板和菜刀,這個媽媽只憑小刀就能輕鬆切剁,也不必用到攪拌器等機器,就能俐落地把菜做好。請學生吃飯、在星期天全家圍著祖母吃套餐、慶祝妹妹生日,我都得以列席參加,嚐到派對的特別料理,真是幸運。我也每天看衛星電視的烹飪節目,喜歡的節目要開始時,男主人就會來房間叫我:「妙子,要開始了喔。」

女孩也曾開男朋友的車,與她一群朋友帶我去蘇連多、波多里夜遊。大群人嘻嘻哈哈的分食披薩,那可是圓周將近1公尺的大披薩。不折不扣的拿坡里披薩!好吃得無話可說!最後一天,她請了朋友,為我開歡送會。她穿著我送的夏季和服,我和日本文學科的學生則做壽司捲和煎菜餅,她媽媽也為我準備了寬麵和心型蛋糕。

在派對中享用披薩和媽媽的親手菜。女孩穿著我贈送的日本夏和服慶祝七夕。

「拿坡里有很多有名的東西,像披薩、麵條都是從拿坡里傳出去的!」從拿坡里出發的國際美食。小小的城市竟然能出現那麼多讓全世界的人都接受的食物,不得不讚嘆拿坡里人的能力。雖然發生過磨擦與誤會,她真摯的情誼、令人回味的美味料理,都是我的拿坡里之行最重要的回憶。

活力充沛的坎拉伯卡市集。

坎城舒適的寄宿家庭

　　來到坎城時，我真的是精疲力盡。本來要在尼斯附近的小鎮寄宿的，可是怎麼也無法與女主人聯絡上，正在無計可施時，在拿坡里的臥舖火車上想到，曾在網路上看到可以寄宿的語文學校，就抱著姑且一試的心情，打電話過去問：情況緊急，可否明天就去住？回答很親切：「沒問題，有什麼事儘管打電話來。」我就這樣從拿坡里花了15個小時，來到坎城。

　　坎城這個家庭非常舒適。不論是想睡到中午、想要關在家裡不出門，都可以隨心所欲。要去哪裡，主人也都會送我到最近的公車站，不想出去時，也大可以待在自己的房間，過著獨立自主的生活。雖然是我行我素，這個家卻能讓我感到輕鬆自在。來客和家庭分層居住，而且主人夫妻的照顧很徹底，感覺比較像民宿，而不是寄宿家庭。而有其他投宿的客人也是心情輕鬆的原因之一。之前要和寄宿家庭溝通只能靠自己，就這方面來說，這裡就方便多了。

　　這個家有有一批又一批的日本觀光客來寄宿。之前投宿的家庭都只有我一個人，這裡卻可以和大家一起生活，每天一下子就過去了。我總是近午時分才起床，看看書本、錄影帶，2點時和大家圍桌吃午餐，傍晚時分去坎城街上散步，晚上9點花2、3個小時慢慢吃晚餐，在庭院聊天聊到深夜⋯⋯這是不觀光時的生活模式。而我也多次被帶去體驗晚上的市街、白天的海灘、穆讓、若安樂松等附近的觀光勝地。

日子就像這樣和萍水相逢的人一起度過，遇見平常絕對無從認識的人，了解與自己全然不同的世界，真是眼界大開。一旦回到日本，每個人都有各自不同的生活，但是在這裡時大家都是同伴，互相照顧、學習，享受難得的歡樂時光。

　　話說這裡的動物也很多。每天早上都可以聽見蟬鳴，也有螢光蟲漫天飛舞。最令我吃驚的是頭一次看到刺蝟！屋子四周也長了許多野花和果實。晚餐後，大家都在庭院周圍散步，可以清楚感受到自然的空氣，接觸每一種生物，彷彿回到童年，有一種懷念已久的感覺。

　　此外，坎城這個屋子收藏著6百多支附字幕的法國電影錄影帶，寄宿者可以兼學法語，自由觀賞。這些收藏是愛好電影的主人於旅居日本9年的期間錄下來的，是血汗與淚水的結晶。由於他在日本時看不到法國的節目，覺得很寂寞，最期待的是電視經常播放的法國電影。每個房間都有電視機，所以不論晝夜都可以在自己喜歡的時間觀看。以後如果能再看到當時欣賞過的電影，一定會想起坎城這個家庭。

　　坎城的街區就像個都市，各方面都很方便，要去蔚藍海岸一帶的市鎮也很容易，是個相當不錯的地方。最令我懷念的是7月14日舉行巴黎節慶時的海邊煙火大會。我們面對著高級旅館「卡爾頓」，坐在正中央的特等席觀看。法國的煙火和日本很不一樣，會配合古典樂、搖滾樂、電影配樂等不同的音樂種類，陸續朝空中射出火花，而音樂與發射煙火的時間節奏一致，搭配得天衣無縫，彷彿是在看音樂劇。

在卡爾頓海邊等著看煙火表演。下圖是公車，上面畫著電影明星的肖像，不愧是坎城。

風車加運河是荷蘭式的風景。

在荷蘭體驗的旅行況味

待過法國的耶爾和坎城，以及義大利的西恩納和拿坡里的寄宿家庭之後，我很想多看看別的國家。與法國和義大利相比，要取得其他國家的資訊較為困難，很難找到寄宿家庭，只好以借居青年旅館的方式，周遊瑞士、德國、荷蘭、丹麥、瑞典、比利時等國。換句話說，就是背包旅行。

在隻身一人的旅行中，荷蘭給我的印象最為強烈。我第一天就和在青年旅館遇到的法國學生一同上街觀光，後來又有來烏德勒支學音樂的日本女生跟我搭訕，旅行的同伴就這樣愈來愈多。

我們先是去參觀「安娜‧法蘭克之家」。她躲藏的房子位於離阿姆斯特丹市中心不遠的運河邊，至今仍維持原貌。

這棟4層樓的建築是由「外面的屋子」和「裡面的屋子」所組成，表面是安娜的父親經營的公司，裡面的3、4樓部分是安娜一家人居住的房間。兩棟建築物由可以旋轉的書架門連接。安娜貼了許多人像照片的房間、真實的安娜日記、倖存的父親所寫的信……每個房間都展示著從安娜日記摘錄的文句，每走進一個房間，情況就更加緊迫。實物令人深痛地感受到60年前納粹迫害的慘況。雖然這些事實已在學校得知，但是置身於現場更能讓人銘記在心。

我們又去參觀了王立美術館。歐洲的歷史也是文化的歷史，或許也可以說是戰爭的歷史。不論是哪一所美術

館，有一半以上的繪畫都是在描繪戰爭或宗教，讓人覺得心情黯淡。不過眾所稱道的名畫題材究竟不一樣，會讓觀者的心情為之一振。

有一點很有趣，就是江戶時代日本與荷蘭通商時期的繪畫。外國人在浦賀街上觀光的浮世繪有數幅留存。荷蘭畢竟與日本有點關係，看到時覺得分外親切。

在阿姆斯特丹的市中心閒逛時，會看到許多顯得猥瑣的商店。再進去一般的觀光特產店或雜貨店，裡面也陳列著一些性愛商品。而像有「咖啡店」標示的店裡，表面上很像咖啡廳，卻是享用大麻的地方。另外也有男女同性戀者的店、性感服飾店、招攬客人的女人，以及反過來打量這名女人的男人

街上到處都有街頭藝人或音樂家在表演。行人的眼光很嚴苛，一覺得無聊，很快就會做鳥獸散。

又因為荷蘭曾經統治過印尼，有許多印尼料理店。電視的烹飪節目也會把印尼菜視為鄉土料理，介紹印尼的炒飯、魚肉烹煮法。

在雜貨方面，由於與德國和比利時接壤，離法國和北歐也很近，地利絕佳，歐洲各地的商品也就應有盡有，非常值得一看。

像這樣走在街上，就能感受到荷蘭是個什麼都能接納，自由而寬容的城市。同性可以結婚，吸大麻也沒問題，過去願意和鎖國時期中的日本來往，也曾慨慷地收容走投無路的猶太人。我想正因為具有接收外國事物的精神，荷蘭才能培養出這種獨特的魅力。這是我切身的感受，也覺得認識新朋友是旅行的收穫之一。

獨特的街頭攤販和藝人。

上圖是丹麥的旋轉式切乳酪機。發現這種東西也是一種樂趣。

旅行的食譜筆記

開始寫食譜筆記是在步入旅程的第4天，因為受到一個女孩子的啟發。

她是來自日本的廚師兼藝術家，要在法國待3個月。她與當地的熟食店老闆交上朋友，而獲知某些食物的食譜，也與偶然結識的高生中交換語言，相當能融入當地的生活。她給我看她隨身攜帶的筆記簿，裡面是多麼繽紛可愛啊！裡面寫著每天吃的東西、別人教的的食譜、學會的話語等等，全部配有插圖，她說這將會成為她珍藏的寶貝。

我在法國南部寄宿的家庭女主人也是一樣，把祖母傳授的食譜仔細寫在筆記本上，毫不吝惜地出示給寄居者看。可以用這個方式傳給別人知道是多麼美好的事，想到這一點，我就開始如法炮製。

起初是用在超市買的小速描本和色筆記錄，後來去了義大利的紙具專賣店「帕皮洛」，買到屬於義大利傳統工藝的美麗大理石花紋的食譜筆記本。我會在旅行之處先以速描或簡短的文字寫在速描本上，回去之後再用色筆塗色，再抄寫在食譜筆記上，這件事也就成了我每日的功課。我大概從長大以後就沒有用過色筆了吧。之所以會有心思畫圖，或許是因為旅行時能充分享有自己的時間。

此外，我本來就不太會表達自己，不過去到哪裡都在拼命記錄食譜時，其他人看到就會說：「妙子還真的很喜歡做菜啊」，然後告訴我新的食譜或相關的書籍，話匣子常常因此就開了。

在4個月的旅行期間，我記下的食譜大約有2百多則，整整用掉2本大理石花紋的食譜筆記本。後來再貼上照片，補充食譜的由來或經過調查得知的歷史淵源等等，它也就成了無可取代的瑰寶。看來我比較享受的不是實際做菜，而是透過食物去了解某個地方，增進自身的內涵。

入宿青年旅館

出發之前，我覺得自己絕對不可能去住青年旅館。這種旅館多半位置偏僻，出入不便，而且聽說經常會遭竊。可是便宜的地方一晚才1500日圓，再貴也不過是3000日圓，如果想要長期旅行，沒有不去住的道理。而實際上住過之後發現，不僅比原先預料的乾淨，跟便宜的旅館相比，設備也遠較為齊全，而且安全許多。許多年長的人或家庭也會選擇這種住處。

當然，貴重物品還是要靠自己好好保管。據說有許多人在睡覺時遭竊，睡下舖的人是最容易受到覬覦的。

剛開始我每個城市都住3天，第一天搭車，第二天觀光，第三天再悠閒地活動。安排行程的重點是在星期天待在大城市裡。由於白天就要退房，而鄉下的星期天沒地方去，非常無聊，如果是大城市，商店會開門，還可以去美術館或跳蚤市場逛一逛。

我看其他的背包旅客，都會覺得他們的活力比我多了好多倍。這些人多半是女孩子，一個城市只住一天，就又移到別的地方。她們這樣的旅行方式稱為Come and Go！在傍晚入宿，休息一會兒就上街，然後早睡早起，一早就出發。晚餐只在超市隨便買東西解決，雖然有營養不良之虞，但堅強的精神令人咋舌！

住青年旅館是很省錢的旅行方式，可以看到許多美麗的事物，有出乎意料的豐收感。省下住宿費，就可以有更多餘裕欣賞景物，而且能夠遇見價值觀相同的人，談談彼此的足跡，也是一大樂趣。比起名牌購物的旅程，充分吸收只能在當地見到、感覺到的東西，不是更為美好嗎？

青年旅館的室內。多半又明亮又乾淨。

車站的椅子和標示上的文字也都帶
有各國的風味。

搭火車的困擾總匯

　　搭電車時，難免會遇到形形色色的狀況。旅行的第一天，我抵達巴黎的戴高樂機場，首次搭乘TGV，好不容易才找到預約的位置，那裡卻坐著一個歐巴桑。我惶恐地給她看車票，跟她說「這是我的位子」，她卻勃然大怒，叫我滾蛋。原來是重複畫位了，沒想到第一天就發生這種事！

　　從威尼斯回來的火車上，也有這麼一段插曲。我搭的是9號車，在月臺上搜尋。13號車、12號車、11號車、10號車、8號車……咦，沒有9號車！萬不得已，只好選10號或8號的隔壁車廂，在與車票同號的座位上坐下。不僅如此，冷氣還都不起作用，熱得要命！義大利的火車實在很熱！相對的，法國火車的冷氣是強得會讓人覺得冷，裡面還供應礦泉水和盥洗用具，非常舒適。

　　說到臥舖，也發生過這樣的事情。打開房間的門，眼睛馬上就對上了裸著上半身，正在休憩的男人。我急忙跑去問車掌：「為什麼不是女生房？」回答是：「預約時沒有說清楚是不行的。妳一個女生待在那裡太可憐了，這回就給妳換女生房吧。」結果車掌給了我一間空房，讓我睡得很舒服。不過我也暗自警惕，下次預約時一定要注意。

　　在法國買車票時，我都會被問到是不是要買25歲以下的青少年票。我身材矮小，又是娃娃臉，雖然早就超過25歲了，老實說出來時，有的站員卻死也不肯相信，還

以為我不懂法語數字的說法，最後甚至發火罵道：「真是受不了！」也確曾有過持青少年票上車的情況。

購買前往佛羅倫斯的車票時，我明明已經在售票口付錢了，卻沒有拿到票。跟票口的小姐說：「我沒有拿到票……」小姐卻只冷冷地說了一句：「已經給妳了。」可是我在錢包、背包裡面找了很多次，還是找不到，義大利話又不會說，只好死皮賴臉地站在長長的隊伍旁邊，一直盯著那個小姐，長達30分鐘。最後她投降了：「這是用我的私房錢買的。」終於給了我新的車票。

我在最容易發生問題的拿坡里果然遇到困擾。從拿坡里到法國的途中才發現，接下來要用的車票是昨天的日期！而且那一天是星期天，並沒有我要搭的那一班車。我想無論如何都得抵達最近法國的地方，還是硬著頭皮搭到國境的凡提米拉車站。

本來要從那裡換搭往科特達祖爾的車班，卻遇上蒙地卡羅的隧道不通！從曼通到摩洛哥之間只好搭巴士，花了15個小時，好不容易才搭上科特達祖爾線。

相對之下，德國和瑞士的火車真的很舒服，感覺普通車的水準可以抵得上義大利的頭等車廂。德國的座位有枕頭，為了防止睡著時頭垂下來，兩邊還有遮板，非常體貼。座位上有該列車所有停車站和換車時間的傳單，在窗口買票時，票務人員也會順便用電腦印出換車的說明和抵達的月臺等資料，讓人不致於無所適從。在時間方面，義大利、法國這一組給人的印象是「馬馬虎虎」，德國、瑞士這一組則是「一絲不苟」。

藝術性的文字。

安全第一的行李對策

我的行李不是背包，而是分成兩種：較小的登機箱和可以斜揹的小旅行袋。這是因為我覺得重行李箱或背包我可能扛不動，只好採取這個方式。上了電車，一個可以放在椅子下邊，另一個就放在網架上，可以自己處理。小旅行袋附有一個小包包，可以放相機、錢包等貴重物品，上面還有一個小鈴鐺防竊。「隨時隨地，不論多久」都可以入睡是我的特殊本領，因此在電車裡昏昏沈沈時，就算被小偷盯上，鈴聲也會通知我。

貴重物品可以靠自己保管，可是沈重的行李是難以忍受的。我每個月會寄一次15公斤的東西回日本，運費差不多要1萬日圓。但是各國的差異很大，法國是義大利的2倍。

另外我也從日本帶了有「全球手機」之稱的機型。我曾在當地的香菸舖買便宜的國際電話卡，可是要找到沒有故障的公共電話並不容易，用的幾乎都是能輕易通話的手機。雖然電話費貴了點，但是不需要準備各國的硬幣、了解不同的用法，而且沖洗照片或預約旅館時，對方可以聯絡到我，我也能接到日本親友的電話，非常方便。

後來覺得有很多東西應該要從日本帶來的，譬如折紙、泡茶工具，吃的方面則譬如包壽司的烤海苔片、咖哩塊等。出發時，壓根沒有想到會和當地人交流，能傳播日本文化的東西什麼都沒帶。身邊只有當禮物用的10根扇子，外國人似乎都很喜歡上面的漢字，收到時都相當高興。我為寄宿家庭準備的是筷子，他們都很樂意收下。用代表日本文化的東西當禮物，應該也是報答當地人殷勤款待的好方法。

3天2夜用的旅行袋

成套的小包包容量並不小，錢包繫著繩子，放進內袋。

小鈴鐺

很平常的

又輕又小的登機箱

可以放在椅子下面或座位空隙裡

用腳踏車的鎖鍊把行李鎖在床腳上……

沒有小心到這種程度也沒事

西恩納的治安良好，用這種手提包也沒問題

雖然很大，卻可以自己扛上肩，背起來很輕鬆。

在青年旅館認識的女性揹的背包

沒有帶旅遊指南也是個錯誤決定。我只把想去的地方複印起來帶走，可是在漫長的旅途中，意外狀況是無可避免的，這時單獨旅行的人最能夠仰賴的不是字典，而是旅遊指南。就算能在當地找到類似的書，也要花幾倍的價錢才能買到。還有，選擇的版本也很重要。到了當地，我深深體會到《地球的走法》(地球の步き方)這套書的厲害。「背對車站沿著右邊的大馬路往前走，就可以看到觀光服務中心」，照著書上寫的走，果然省下很多工夫。對我而言，旅行的預算有限，帶著介紹許多五星級大飯店或高級名牌店的指南書就沒什麼意義。配合自己的旅行方式選擇適當的內容，才能在旅途中得到助益。

度假服飾的理想與現實

想到要在嚮往已久的避暑盛地度假，我就很想攜帶電影中出現的碧姬芭度、瑪莉・拉弗蕾穿的那種可愛的度假服飾。

我收集了許多與電影衣飾有關的書，細心剪貼雜誌刊載的相關文章，也買了幾頂有帽沿的草帽，為未來的旅程做好準備。

幸好旅程剛開始時天氣很好，我的心情也輕鬆愉快。出發時考慮到搭配和行李的空間，沒有把洋裝和草帽帶去，所以在當地是圍著絲巾或踩著高根涼鞋。可是8月中旬一過，氣溫就突然降低，帶來的衣物都穿上身還是冷，只好一直穿著雨衣。肩上斜背著裝重要物品的包包，當然不會有心思打扮，更何況我不是那種搭計程車或直升機的名人，沒有請搬運工的條件，就逐漸換上方便行動的褲裝和平底鞋，以平凡無奇的裝扮固定下來。

法國國旗的T恤

用Jogatti的絲巾學《黃昏之戀》的女主角剪包在頭上

Repetto的短袖上衣搭莎賓娜緊身褲

在坎城買的le coq三色旗花色的帆布鞋

令人眼睛一亮的綠裙

視為寶貝的貼身背心

只帶了一頂蕾絲鴨舌帽

舊絲巾和黃色的針織上衣

黑色的蕾絲衫

搭配卡普里八分褲

用舊衣改做的上衣

黑色的小絲巾和點狀花紋的高領衫

←Repetto的甘斯寶鞋（中途就穿壞了）

假日穿的洋裝

白色熱褲

蓬蓬袖襯衫

帶去的防寒衣

折疊雨衣

黑色開襟毛衣

薄毛衣

有去皺加工的襯衫

飄逸的外衣

丹麥的消除愛滋病表演、萊茵河的煙火大會、馬爾默的嘉年華會、偶然碰到的活動。

關於語言

從學校畢業後，我一直都很努力學法語，加上國中和高中唸的英語，以及臨時抱佛腳常的初級義大利語。三種語言攪和在一起，想到什麼就說什麼，逐漸習慣說外語之後，很久以前學過的片語就自然而然地從大腦的角落浮現。與一大群人聊天時，雖然沒辦法搭上話，但是要表達自己的需求並沒有問題。雖然船到橋頭自然直，但是反過來想，要融入當地的人群，還是要加強語文才行。

在有名的觀光勝地工作的人，每天都要和排長龍的觀光客打交道。在這種情況下，光靠單字也可以溝通，但是能夠用當地話表達時，就能獲得相當不同的待遇。我在卡布里島的藍色洞窟中，划船的大哥跟我說：「我可以用1歐元幫妳拍照。」他為我拍了許多照片，服務了好一陣子，然後說：「我可以輪流為後面的日本人拍照，一個人只要2歐元，能不能幫我告訴他們？」竟然就提高價碼了。

最好玩的是，我在義大利待了1個半月，起初完全不會說義大利話，後來逐漸能說出句子。剛開始只說得出「謝謝」、「再見」等簡單的字眼，卻不知不覺得可以把知道的字都講出來，慢慢就能溝通了。早安、晚安、我走了、拜拜……全部都是ciao這個字，真簡單。有些義大利人雖然只會說義大利話，卻會為了跟我談話而拼命查字典，或是耐心地聽我表達，這種精神讓我覺得幫助很大。

我沒能學會德國、荷蘭、北歐諸國的語言，所以在這

些國家只能用中學程度的英語溝通。英語雖然比較能溝通，但是車站的服務臺很少會加上英文說明，有時候不得不在車站裡面繞來繞去找人詢問，非常麻煩。還有搭巴士時，由於聽不懂也看不懂下一站的站名，都要請車掌或乘客幫忙，所以坐公車時都會緊張。

最遺憾的是在德國時看了一場歌劇，完全不知所云。語言還是要學到某種程度，才不會影響到旅行的樂趣。既然喜歡旅行，對語言的學習或許就要持之以恆了。

關於打工度假

我運氣很好，拿到法國的打工度假簽證。持有這種簽證，就可以在法國待1年，而且可以打工。

這種簽證有30歲的年齡限制。我申請時已年滿30歲，得到簽證的條件是必須在31歲前出發。離開日本時，正好是31歲生日的前一星期。對我來說，這是這輩子僅止一次的機會。

如果能再去一次，我要把握難得的機會，定居在一個地方好好學法語，再找個工作做。可是當時的我只曉得巴黎，很想看看許多地方，做做許多事情。結果只在法國待了短短4個月，事後檢討，我應該有更明確的目標才對。計畫太鬆散，變得不上不下，以至於留下遺憾。不過我向法國大使館遞出的申請表上寫著：「去我喜歡的法國電影外景地旅行，再將心得告知別人」的目標，還是以書和網站的方式達成了，還是可以說不虛此行。

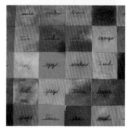

上面兩張照片是有「無天花板美術館」之稱的布魯日(比利時)市區。

✳ Les puces │ 歐洲的市場

Lettre 5

度假食譜

LA TARTE TROPEZIENNE
～聖特羅佩蛋糕～

聖特羅佩的蛋糕被碧姬芭度取了名字之後就名傳千里。其特徵是用上兩種奶油，現在是法國南部的麵包店必有的名產。元祖的聖特羅佩蛋糕網站如下：www.tarte-tropezienne.com。

★蛋糕部分
強力粉400g
砂糖30g
蛋3個
牛奶100cc
酵母片15g
奶油100g
(先放軟)
鹽一撮
蛋黃
中雙糖
糖粉

★卡士達奶油
牛奶500ml
砂糖80g
薄力粉20g
蛋黃3個
香草豆1根

★奶油糖霜
砂糖50g
水1大匙
蛋黃2個
奶油50g
(先放軟)

★蛋糕
1. 把溫過的牛奶和酵母片倒進盆子內，加上1/4量的麵粉攪拌，然後放在溫暖的地方，直到脹到2倍大為止。
2. 加進其他的材料(剩餘的麵粉、蛋、鹽、砂糖、奶油)，攪和10分鐘，直到麵糰變得滑溜溜的。
3. 用保鮮膜蓋住盆子，放在溫暖的地方，直到麵糰發酵膨脹到2倍大。
4. 輕輕將麵糰揉成球狀，用濕布蓋住，放置60分鐘。最後的20分鐘取下濕布，使表面乾燥。
5. 用擀麵棍使麵糰往上下左右伸展，配合模型的大小，整理成圓形。
6. 在直徑24公分的圓形模裡面塗上奶油，將麵糰放進去。再發酵30分鐘，在表面塗蛋黃，撒上中雙糖。
7. 以180度預熱的烤箱烤30分鐘。

★卡士達奶油
1. 把牛奶和香草豆放進鍋子裡，熱到快要沸騰。
2. 在盆子內放進蛋黃和砂糖，用打蛋器打到泛白，再加上麵粉攪拌均勻。分兩、三次倒進1的材料攪勻。
3. 在1的鍋子裡迅速濾奶油倒入，用中火以打泡器不停地往同樣的方向攪拌。等泡沫開始出現，再打1分鐘，直到出現光澤。

★奶油糖霜
1. 砂糖和水倒進鍋子裡，點火，製作糖漿。
2. 用蛋黃打泡，慢慢加上1的糖漿，再一點一點地加上變軟的奶油攪拌。

★完成
1. 混和兩種奶油。
2. 等蛋糕冷卻了，切成上下兩片，中間夾上1的奶油，再撒上糖粉。

ANCHOYADE & TAPNARD
～鯷魚醬和橄欖醬～

這是在法國南部用鯷魚和橄欖油做的醬料。每個家庭的做法可能都不一樣。我的寄宿家庭主人在耶爾的市場買來特別美味的醬料,也將做法傳授給我。可以當成義大利麵醬,或是沾麵包、蔬菜吃,對日本人來說很像甜煮海味,用瓶子裝起來,可以保存1個月。

★鯷魚醬
鯷魚排10片
蒜頭1片
橄欖油100ml
檸檬汁少許
羅勒葉10片
胡椒

★橄欖醬
黑橄欖200g
鯷魚排6片
續隨子2大匙
蒜頭1片
橄欖油60ml
檸檬汁少許
胡椒

橄欖去籽,洗一洗鹽漬的續隨子,以去除鹽分。羅勒撕下葉脈。橄欖油以外的材料都放進食物處理機,打成泥狀,再加上油。
※不加鹽。

CROSTINI ～烤麵包
用切片的法國麵包當吐司,在上面加鯷魚醬或橄欖醬。

SALADE PROVAN ALE ～普羅旺斯沙拉
小黃瓜、紅蘿蔔、芹菜切成棍狀,再把花菜、萵苣切成方便進食的大小。配上小蘿蔔裝盤。沾鯷魚醬或橄欖醬吃。

ŒUF MIMOSA ～蛋沙拉
煮蛋橫切成兩半,取出蛋黃。蛋黃加橄欖醬攪拌,因為乾巴巴的,所以要加一點含芥茉的酸醋沙拉醬。把成品倒進蛋白裡面,再放點義大利香菜。可配上沙拉菜、切成月牙形的蕃茄、黃橄欖等。
★含芥茉酸醋沙拉醬:紅酒醋1大匙、胡椒鹽、芥茉1/2大匙調勻,加上3大匙橄欖油混合,再加在材料上。

BABA
～拿坡里蛋糕～

這是用蘭姆酒糖漿醃的發酵蛋糕，也是「薩瓦蘭蛋糕」的前身。據說是波蘭的前國王流亡法國時想出來的甜點，電影《通心粉》裡面也有出現，成為拿坡里有名的點心。這是用我的寄宿家庭送的模型做的。

材料 (直徑25公分的蛋
糕模1個分)
強力粉250g
全蛋3個
蛋黃2個
砂糖
酵母片25g
沙拉油100cc
牛奶150cc
鹽

★蘭姆酒糖漿
水400g
砂糖400g
蘭姆酒200cc

1. 把打碎的酵母片和橄欖油放進食物處理機中混合，再加一小撮鹽和1大匙砂糖攪拌。
2. 一邊攪拌一邊把全蛋一個個加進去，再加上蛋黃。
3. 加上麵粉揉一揉，直到變成有相當黏性的麵糰。
4. 在直徑25公分的蛋糕模上塗奶油，再放上麵糰。
5. 放在溫暖的地方，直到麵糰發酵膨脹到模型的高度。麵糰起初只有模型的四分之一高，發酵後就會脹大。
6. 用200度的烤箱烤40分鐘，烤到充分上色為止。
7. 在烤的同時，把水和砂糖放進鍋子裡點火，製作糖漿。放涼了以後加進蘭姆酒。
8. 把糖漿淋在烤好的蛋糕上。
★ 傳統的食譜是用奶油，而不是用沙拉油。這時奶油要準備150g，溶化後使用。

RAVIORI ALLA CAPRESE
～卡布里煮合子～

當地用的似乎是卡喬拉起士，在我吃過的餐廳，都是用瑞科達起士和數種起士混合。可以搭配蕃茄醬或拿坡里的菜肉醬食用。

材料 (4人份)

★合子皮

法國麵包用麵粉500g

鹽1小匙

特純橄欖油2大匙

水300～500ml

★餡料

瑞科達起士與其他起士
混合300g

蛋2個

磨碎的帕馬森乾酪200g

馬郁蘭(切碎)

(依喜好)鹽

★拿坡里煮合子

洋蔥1/2個

紅蘿蔔1根

芹菜1根

牛肉塊300g

整粒蕃茄罐3罐

粗鹽一小撮

★拿坡里菜肉醬

1. 洋蔥、紅蘿蔔、芹菜切細，用鋪好橄欖油的鍋子炒一炒。

2. 牛肉塊放進鍋子裡，不時翻面。

3. 蔬菜變成褐色時，加上用篩網濾過的整粒蕃茄。

4. 加粗鹽，加鍋蓋，用小火煮2個小時。

5. 把肉取出，就是醬汁了。把用過的肉塊煮成別種主菜是拿坡里的做法。

★煮合子

1. 混和麵粉、橄欖油、水、鹽，揉成糰。麵糰變得滑溜溜的，有嬰兒耳垂般的硬度時，就揉成球狀，用保鮮膜包起來，在室溫中放置30分鐘到1小時。

2. 把所有的餡料和打散的蛋混合。

3. 把麵糰攤開，切成約1公分厚，穿過義大利麵條機最粗的孔。折成三折再穿一次。機器的孔逐漸調細，使麵皮越來越薄。剩下的麵糰要避免乾燥，用盆子蓋起來。

4. 在攤好的麵皮上用湯匙放上2的餡料，折起來包好，壓模取出。

★完成

1. 在滾水中加少許油煮合子。

2. 合子煮好盛上盤子，加上醬汁，撒上磨好的帕馬森乾酪。

TAGLIATELLE BLU AL LIMONE

～卡布里的藍洞窟義大利麵～

在拿坡里的食材展覽會中看到名為「藍色洞窟」的水藍色義大利麵，就帶回來試做。醬汁是利用阿馬爾菲有名的檸檬，做成味道清爽的沙拉。

材料(4人份)

★麵條材料
法國麵包用的麵粉400g
藍柑香酒4大匙
蛋白2個
特純橄欖油1大匙
鹽1小撮

★檸檬醬
檸檬汁1/2個份
洋蔥1/2個
羅勒葉1枝
特純橄欖油2大匙
胡椒鹽

1. 先把蛋白、藍柑香酒、橄欖油、鹽和在一起。
2. 在桌子上倒麵粉，中間做出凹洞，把1倒進去。從裡面用叉子一點一點地將麵粉和液體調勻，再用手揉好，使麵糰變得滑溜溜的，硬度像嬰兒的耳垂，然後用保鮮膜包起來，在室溫中放置30分鐘。
3. 把麵糰攤開，切成1公分厚，穿過麵條機最粗的孔。折三折，再穿過一次。慢慢縮小機器的孔，使麵皮變薄。剩餘的麵糰要用盆子蓋起來，以免乾燥。切成6公釐寬，撒上粗麵粉，以免沾黏。
4. 在滾水中加鹽，將做好的麵條煮熟。
5. 製作醬汁。洋蔥事先切成薄片，浸在水裡，然後去除水分。如果不喜歡生洋蔥，可稍燙一下。羅勒切成絲，與橄欖油、胡椒鹽、檸檬汁混和。
6. 麵條煮好冷卻後，倒上醬汁，用切薄的檸檬皮和羅勒裝飾。

CONIGLIO ALL'ISCHITANA
～伊士奇亞烤肉～

在義大利的烹飪學校，每天都會吃到浸在高湯裡花長時間烤出來的肉，老實說很辣，可是伊士奇亞的烤肉加了蕃茄和羅勒，所以吃起來不油膩。這裡用雞肉代替不易買到的兔肉。

材料 (4人份)
兔肉(切成大塊)1片
特純橄欖油4大匙
蒜頭2片
迷迭香1枝
白酒1杯 鹽
蕃茄2個(500g)
羅勒葉2枝
黑粒胡椒
※可依喜好加黑橄欖、黃椒點綴。

1. 在烤鍋舖上油，用小火炒蒜頭，爆香後加上肉塊炒15分鐘。
2. 肉上色之後，加上迷迭香、鹽、白酒，用中火煮10分鐘。
3. 倒在烤盤上，倒進約1公分高的熱水或高湯，用低溫烤箱烤30分鐘。
4. 用滾水去蕃茄皮，橫切後再切成月牙形。
5. 加上蕃茄和羅勒，再烤15分鐘。
6. 吃之前先拿掉迷迭香，撒上粗粒胡椒鹽。

AMSTERDAMSE HUISJES
～阿姆斯特丹的房子～

這是重現阿姆斯特丹街景的獨特料理。用的是荷蘭菜不可或缺的馬鈴薯和起士。我看到的阿姆斯特丹屋子都是一棟棟相連,蓋得很緊密。而由於老朽,似乎隨時都有可能倒塌。這種馬鈴薯房子可以邊吃邊玩,研究怎麼吃才不會倒。

材料(4人份)
馬鈴薯(大)8個
洋蔥2個
溶化的起士150g
胡椒鹽

1. 馬鈴薯去皮。切法可決定日後阿姆斯特丹房子的命運,因此要慎重。
2. 馬鈴薯煮10分鐘,切成5公釐到1公分厚。
3. 洋蔥也橫切成5公釐厚。
4. 將馬鈴薯和洋蔥交互疊起。能將房子疊多高要靠技巧。最上面放起士。中間夾起士很容易傾倒,吃起來會更刺激。
5. 用預熱250度的烤箱烤10分鐘,讓起士溶化。
6. 依喜好加胡椒鹽或蕃茄醬。

POFFERTJES

～像章魚燒的荷蘭烤餅～

烤餅可以說是荷蘭的名產。這種小型煎餅讓人想起日本的章魚燒，可在街頭的小吃攤買到。在荷蘭會加上許多水果，淋上鮮奶油或冰淇淋吃。實際上是薄的，可是我用的是家裡的章魚燒烤機，結果脹得很大。

材料(40個份)
蕎麥粉100g
麵粉100g
乾酵母5g
蛋2個
牛奶1杯
奶油
喜歡的水果
糖粉

1. 將酵母和用人體溫熱的少許牛奶混和。
2. 在盆子中加上蕎麥粉、麵粉、打散的蛋，加上1的酵母和牛奶、鹽、半量牛奶混和。
3. 加上剩下的牛奶，蓋上濕布，放置1個小時。
4. 熱好章魚燒烤機，塗上奶油。
5. 先把章魚燒烤機放在濕布上，才倒進調好的麵糊。因為會膨脹，不要倒太多。
6. 用小火到中火烤，表面有焦痕，烤餅會動時，就快速翻過來烤另一面。
7. 撒上糖粉，搭配喜歡的水果。

BELGIE WAFFLE
～比利時鬆餅～

我在安特衛普的小吃攤吃過鬆餅，現烤的鬆餅上加了許多冰淇淋或鮮奶油，再疊上喜歡的水果或巧克力，疊得很豐富。我回憶著當時的驚嘆，試做成這份點心。

★鬆餅材料(4人份)
薄力粉100g
牛奶100cc
蛋黃2個
蛋白2個
砂糖20g
無鹽奶油50g(先預溶)
烘焙粉5g
鹽1小撮
香草精數滴

★配料(1人份)
水果100g
砂糖1小匙
檸檬汁1/2個
奶油糖霜適量
冰淇淋適量
巧克力醬適量
薄荷葉適量
糖粉適量

1. 在盆子裡倒進打散的蛋黃和牛奶、溶化的奶油，攪拌均勻。
2. 在1的盆子裡入薄力粉和烘焙粉，以橡膠刀攪拌。
3. 用另一個盆子加進蛋白、1小撮鹽和砂糖，打到起泡。
4. 在2的盆子裡分幾次加上3的蛋白，用橡皮刀從下往上打到膨鬆，再加上香草精。
5. 在鬆餅模上薄塗奶油(份量外)，烤熱後先從火上移開，倒進麵糊。關上蓋子後以中火烤3分鐘。翻過來再烤2分鐘。
6. 切好要放在上面的水果，用砂糖與檸檬汁浸泡。
7. 用巧克力醬在盤子上畫一畫，把烤好的鬆餅放上去，撒上糖粉，加上冰淇淋、鮮奶油，以6的水果和薄荷葉裝飾。

★上面的水果可依喜好加草莓、香蕉、奇異果、杏子等。要溫熱時，以塗過少量奶油的鬆餅機烤，就可以維持美味。如果是冷凍保存，可以用烤麵包機加熱。

＊ Les vinyls ｜ 歐洲的唱片

由於我在名為「MIDS」的六〇年代頹廢派、法國流行歌曲的派對中當DJ，一直在收集以法國唱片為主的精湛管弦爵士樂、麥迪遜等六〇年代初期流行的舞曲，以及五〇到六〇年代的電影配樂。去逛國外的唱片行時，店主都會因為是日本來的客人，而特別介紹許多唱片。有充裕的時間逛這類商店，為旅行更添樂趣。

1 ｜ JOCELYNE
LES GARÇNS

六〇年代初期。A面是保羅·安卡的歌，B面的La la la la la是舞會時必放的絕妙曲目，一定能把氣氛炒到最高點。

2 ｜ MICHELLE SARNA
CE GRAND AMOUR

快節奏的爵士樂團搭配愉悅的合唱。尤其是Cherche Cherche L'amour棒極了。

3 ｜ CLAUDETTE & SYLVIE
JE PENSE AUX VACANCES

封套上擺的姿勢和音樂都特立獨行的雙人組。也收錄青少年一般活力充沛的合聲扭扭舞曲。

4 ｜ GILLIAN HILLS
MA PREMIERE CIGARETTE

性感少女──吉莉安·希爾斯16歲出道的唱片。在沙發風味的拉丁管弦樂伴奏下，歌聲迷人可愛。

5 ｜ THE BARONS
LAST LIGHT

在法國留有盛名的廣播節目Salut les copains的主題曲。有一種日本歌謠的味道，很適合在派對剛開始時播放。

6 ｜ AGNES LOTI
C'EST TOI MON IDOLE

以少女的歌聲唱絲卡的名曲My boy Lollipop。Je pars Sans Regret也是時髦可愛的法國流行歌。

7 ｜ SYLVIE VARTAN
MADISON TWIST

1962年流行的麥迪遜歌曲。與男性獨唱的麥迪遜相比，有絲維亞的合聲更好聽！大家一起來跳M字吧！

8 ｜ LES CHARLOTS
PSYCHOSE

搞笑樂團LES CHARLOTS時髦的MODS搖擺爵士曲。在日本也很受歡迎的一張，只用88日圓就買得到是跳蚤市場的好處。

9 ｜ OST
LES PARISIENNES

電影《巴黎人》的原聲唱片。收看與約瑟·諾瓦羅的柏克萊版不同。丹尼·莎華爾的封套夠俏！

10 ｜ JULIETTE GRECO
CHANTE FRANÇISE SAGAN

「葛瑞可唱莎岡」。作曲是米歇爾·馬紐。1966年時，莎岡才剛滿20歲。葛瑞可也是在20多歲時出了這第三張唱片。

11 ｜ FRANCE GALL
COMPUTER NR.3

勁爆的女聲。在MODS×FRENCH的活動中，有這一張必能把場面炒熱。「法國女孩」的德語唱片。

12 ｜ FRANCE GALL
MERCI HERR MARQUIS

這女孩的德語唱片中，這一張算是罕見的。節奏快速的A面和有慢版的Bossa Nova舞曲SO NICE的B面都很可愛。

這一頁選的是義大利、德國、荷蘭、瑞典的唱片。有的是唱片行推薦的，有的是光看封面就買下來。與法國的唱片相比，其他國家輸入日本的數量和資訊都很少，這裡面是些怎麼樣的歌手，我幾乎都不知道，不過以這些偶然遇見的唱片為契機，此後可以逐漸擴展接觸的範圍。

1 | RITA PAVONE
IL GEGHEGE'

在絕妙的管風琴伴奏下，義大利女歌星莉塔一直在喊著「傑格傑格傑格……」，是快節奏的garage rock搖滾。

2 | RITA PAVONE
IL BALLO DELL'ORSO

同樣是莉塔快速的悅耳曲目。她也在電影和電視上活躍，是義大利國民的偶像。

3 | FRANÇISE HARDY
QUELLI DELLA MIA ETA

法蘭索瓦‧阿爾地的出道曲Tous Les Garcons et Les Filles的義大利語版。這首曲子在義大利有許多人灌唱。

4 | WENCKE MYHRE
JA

德國的流行歌手。B面的Ja配上原聲吉他和管弦樂，是Bossa Nova風味的清爽輕搖滾。

5 | GRAHAM BONNEY
ABER NEIN, NEIN, NEIN

雖是德國樂團，音樂卻是六〇年代的英國節奏。現在葛拉哈姆‧波尼已是個歌桑了，好像還很活躍。

6 | VERA PALM
AM ABEND

似乎可以說是德國的「法國女孩」的輕快曲風。B面的SUNDAY LOVE是夢幻般可愛的慢歌。

7 | RIA VALK
MOEDER IK BEN ZO BANG

荷蘭的歌手。1973年的作品，愉悅的搖滾樂，令人想起馬尾加蓬蓬裙的五〇年代。

8 | ROB HOEKE R&B GROUP
JOLITA

荷蘭的MODS團體錄的曼弗瑞德‧曼的歌曲。鋼琴和吉他強勁有力，又酷又棒的mod jass。

9 | ANN-LOUISE HANSON
SVENSKA FLICKA

以德國、巴黎、倫敦、瑞典為舞臺，用各國語言唱的進行似的愉快曲子「厄尼，我愛你」。1969年，瑞典。

10 | LILL LINDFORS
LÅ MEJ VA' - DE' E' BRA

瑞典的國民歌手莉麗‧琳德富許的1965年Bossa Nova風味的情歌。唱片行說，她的唱片到處都有。

11 | MONA WESSMAN
OM JAG VAR DU

大舌頭的耳語聲很可愛。瑞典女歌手迷人的曲子。收錄1968年歐洲歌唱大賽(Eurovision)的獲獎歌曲。

12 | ERNIE ENGLUND
UN HOMME ET UNE FEMME

由瑞典樂團演唱的(男與女)。憂鬱的氣氛比原曲更深一層。

假期結束······

度假回來，剛好滿一年。

與其胡思亂想，不如先去做再說！

這是我在旅行中培養出來的精神。不論是誰，在初次造訪的國家，難免都會覺得忐忑不安，但是不行動看看，什麼事情都不會開始。

回國後不久，我就知道自己生病了，於是動了手術，展開為期半年的治療。起初之所以能熬過手術和治療的痛苦，應該是因為在旅行時學會了不去想不安的事，反正去做就對了。

我這個人向來跌倒也要順便看看有沒有東西可以撿，就藉著這一趟旅行，寫出了一本遊記。

這也是我第一次出書，只是想著無論如何可以做就盡量做，照自己的方式行動，也就產生了這樣的結果，現在覺得非常安慰。

我確實將旅行時學到的事情運用在人生之中。夢想要靠行動來實現，而不只是期待，這是我切身的體會。

我目前所具有的一切能力都投注在本書的文章、設計、插圖、照片、烹飪以至版式上了。雖然有很多地方不盡理想，但是能夠讓別人看見自己真實不虛的成果，對我來說是無上的喜悅。

現在我已恢復健康，開始學習糕餅製作。隨著在旅途中看到的事物，想做的事情也就日益增多，雖然還想多去看看這個世界，可是我想還是要從做得到的地方開始，一點一滴地實踐。

最後要向使本書得以問市的糖衣社石坂先生、二見書房的米田先生，以及在旅途中照顧我的各方人士致謝。多虧了他們，我的夢想才得以實現，真的很感謝！

也承蒙您將本書拿在手中，非常謝謝。如果您覺得：「這樣的書我也會寫！」也沒有關係。能讓您覺得躍躍欲試，想要著手去做什麼新鮮事，同樣讓我感到欣喜。看過之後，請一定要在我的網站上留言喔。www.taecoise.com

2004年10月　Taecoise 即 內生藏 妙子

※文中所記的是目前2004年7月的資料。若要使用請先確認。

妙子的歐洲度假郵件

作　　者　　內生藏 妙子
譯　　者　　李毓昭

總 編 輯　　張芳玲
書系主編　　劉育孜
美術設計　　林惠群

太雅生活館 編輯部
TEL：(02)2880-7556　FAX：(02)2882-1026
E-MAIL：taiya@morningstar.com.tw
郵政信箱：台北市郵政53-1291號信箱
網頁：www.morningstar.com.tw

妙子的歐洲度假郵件
TAEKO WORDS NO EUROPE VACANCES DAYORI
By UCHIUZO Taeko
Copyright © 2004 UCHIUZO Taeko
Originally published in Japan by FUTAMI SHOBO PUBLISHING CO.,Tokyo.
Chinese（in complex character only）translation rights arranged with
FUTAMI SHOBO PUBLISHING CO., Japan
through THE SAKAI AGENCY and JIA-XI BOOKS CO., LTD..
Complex Chinese language edition copyright (c) 2006 by Taiya Publishing Co., Ltd.
All rights reserved.

發 行 所　　太雅出版有限公司
　　　　　　111台北市劍潭路13號2樓
　　　　　　行政院新聞局局版台業字第五○○四號
分色製版　　知文企業(股)公司 台中市工業區30路1號
　　　　　　TEL: (04)2358-1803
總 經 銷　　知己圖書股份有限公司
　　　　　　台北公司 台北市羅斯福路二段95號4樓之3
　　　　　　TEL: (02)2367-2044　FAX: (02)2363-5741
　　　　　　台中公司 台中市工業區30路1號
　　　　　　TEL: (04)2359-5819　FAX: (04)2359-5493

郵政劃撥　　15060393
戶　　名　　知己圖書股份有限公司
初　　版　　2006年10月10日
定　　價　　270元
（本書如有破損或缺頁，請寄回本公司發行部更換）

ISBN-13：978-986-6952-12-8
ISBN-10：986-6952-12-6
Published by TAIYA Publishing Co.,Ltd.
Printed in Taiwan

國家圖書館出版品預行編目資料

妙子的歐洲度假郵件 / 內生 藏妙子文字・攝影
李毓昭翻譯——初版——臺北市：太雅，
2006【民95】
　　面：　公分. ——（世界主題之旅：36）

　ISBN 978—986—6952—12—8（平裝）

1.歐洲—描述與遊記

740.9　　　　　　　　　　　　95018023

www.taecoise.com